有工作做，就是一件
很感激的事情了。

上田太太不上班

從台灣女兒到日本人妻的辛酸血淚史幸福之道

上田太太——著

目錄

第二話

上甜生活，有時還有酸苦辣

第三話

胎胎不上班的時候

第四話 我最愛的兩個媽媽

第五話

再見倉敷，下一站幸福

推薦序

用愛煨出生活甜滋味

春河劇團藝術暨教學總監

和上田太太一樣，我們都是異國婚姻。

很多人認為異國婚姻一定好浪漫，生活充滿粉紅泡泡……那個階段在討論結婚時就結束了！

先不提文化差異、生活習慣、飲食偏好，光是想到「住你那邊，還是住我這邊」，就是個大難題。勢必有一邊要遠離故鄉，放棄事業，跟家人朋友分別，為了愛，到陌生的國度「重新開始」。

我常開玩笑說，是我把我美國先生「娶」到台灣！相較之下，上田太太比我辛苦多了。還好上田先生是位超級暖男，要不然誰受得了在異鄉的孤獨無依、身心煎熬，更糟糕的還有語言不通的問題。從這點來看，上田太太是幸福的。

雖然上田太太經常淚眼婆娑（也令我淚眼朦朧），但是嬌小的她卻有無比的勇氣漸漸克服各式的阻礙，和先生阿桃用愛一起煨出生活的甜滋味。

這份甜滋味，也邀讀者一起品嚐！

推薦序

啊！原來是「愛」

Mark mama 翠華
圖文部落客

也許是一種緣分，也許是一種神奇的魔力，只要上田太太找我，我總在第一秒鐘說：「好！」

回完上田太太的訊息，我望向遠方腦袋不禁思考起來，究竟上田太太是使用了什麼魔法控制我？

頓了幾秒鐘，「啊，是愛！因為我在她身上感受到對人事物的愛」。我承認我是個對各式各樣的愛很無力招架的人。（舉手投降）

收到出版社編輯來信，是上田太太新書內文初稿，點開附件第一頁是一張全家福，照片上沒有搞笑的姿勢、沒有爆笑的文字，但我卻忍不住地笑了，嘴角久久無法收起，接著眼眶熱熱濕濕的，覺得這小女孩隻身遠嫁日本，並且成為上田家族中被疼愛的一份子，我替她的幸福感到無比的動容與開心。

讀初稿的那天我坐在診所等叫號，想趁著空檔先把內文大綱在手機上滑過一遍，可是一打開後我停不下來。上田阿桃與太太的羅曼史深深地吸引我，他們的愛情沒有天雷勾動地火、沒有驚天動地，可是在生活日常中那份難能可貴的一心為對方著想，讓我也陷入他們的甜蜜之中。

女孩最幸福的愛情並非從對方身上獲得多少奢華的物質與生活來衡量，而是在最困苦的時刻，全世界有個自己愛的人願意牽手，一起笑著努力走過。他們把別人心中不起眼的小事，一起經營成最有趣的事，他們把對方說不出口的需求，貼心地幫對方達成，心與心的緊密結合，這才是愛情啊！

最後，有關他們的羅曼史我只想要交代一件事，不要輕易在外面翻閱這本書，我相信你也不想跟我一樣，在公共場合臉上表情無法控制的一下笑一下紅了眼眶吧！（笑）

作者序

因為愛，跟過去的自己和解

我的人生，應該說在二十五歲前，都是看著媽媽背影長大的。

小時候爸爸最疼我，但卻在我七歲時，因為一場高壓電意外，他離開我們去當天使了。無依無靠的媽媽只好從什麼都不會，到學開貨車賣小吃，一肩扛起養育我、妹妹還有阿公阿嬤的責任，為了載行動不便的長輩去醫院就診，媽媽貸款買了一台小轎車，沒想到因為這樣，原本來自政府的單親家庭補助全被取消了。

咬著牙撐下去，只為求一口飯吃的那段日子，媽媽一個人從早忙到晚，只為養育我們，她身兼父職，變得非常嚴厲，上了國中的我還不懂事，看著其他同學們幸福的家庭，開始變得憤世嫉俗。

曾經的我，簡直是壞透了。

所謂不良少女該做的事也件件做盡，埋怨這一切的不公平，自以為要活得叛逆才能夠證明自己存在的價值。不僅被親戚朋友看不起，媽媽再多的淚水也都喚不回我……

就這樣歹路走了幾年，直到某次颱風天，為了家計，媽媽依舊堅持出去擺攤，風雨大到連招牌都被吹走，正當我要去撿回時，她大聲喝止，要我跟妹妹躲在遮雨棚就好，看著她穿著單薄的黃色雨衣奔去馬路中間的背影，那瞬間我突然淚流滿面，有如睡了好久後突然醒來，終於了解對我而言，什麼才是最重要的。

為了爭一口氣，到日本遊學

大二的時候，剛好學校有國際交換學生的機會，雖然對日本一無所知，對日文也一竅不通，但一心想著只要能出國，讓曾經瞧不起我們的那些人看到「單親媽媽也能把孩子栽培到留學國外」，就可以為媽媽爭一口氣，那時的想法很單純簡單，殊不知這是開啟了我不同人生的轉捩點。

到了日本之後，遇見了人生的另一半——上田阿桃，以及他的家人，才發現這一切好像是天注定，就像阿桃爸爸所說，阿桃也許是我爸爸在天上為我所挑的，他可能不會用最帥的方式保護我，但卻可以互相作伴，讓我開心安心。

曾經在日本到處找打工機會卻四處碰壁，而剛出社會的阿桃每天工作早出晚歸，來支撐我們的生活。身為另一半，唯一能做的，就是讓他回家有東西吃，加上阿桃一句玩笑話：「不會料理就不能結婚喔！」意外地開啟我學做料理及卡通便當之路。

「上田太太上甜生活」粉絲專頁的誕生

剛嫁到日本時，身為一個全職家庭主婦，每天在家除了燒飯洗衣打掃等老公下班之外，最大的樂趣，大概就是在Facebook上面抒發心情了吧。

開始創立專頁，其實只是想記錄在日本生活的點滴，加上對日本古著有著濃厚的興趣，四處找來與同好們分享，萬萬沒想到，不經意的隨筆記錄及生活日常感受，竟得到許多網友們真誠的回應。

印象較深刻的是幾年前的某篇發文，關於年少輕狂時想要輕生的念頭，但最後我選擇要為自己而活……

「相信我，我們每個人都是最獨一無二的，千萬不要輕易放棄自己的任何一秒，因為你永遠都不會知道，下一秒，會有什麼美好驚喜在等著你。」

隔天收到了一位網友的來信，信裡道出他本來放棄了家庭與夢想，在看了那篇發文之後，有著深刻的感受，使他止不住淚水，決定重新找回夢想。

從未曾想過，自己所寫的每一字句，每一則心情分享，可以影響到他人的一生。從那天起，即使心裡依舊有著些許不安，卻下定決心告訴自己，別再浪費時間於難過的事情上，一定要努力成為一個有力量的人，才有辦法幫助更多的人。

因此強迫自己什麼都學，要求自己把每件事做到比標準更高，這當中挫折與失敗無數次，但意外的，居然慢慢忘了哭泣，因為現實生活中有太多想做及想挑戰的事情，沒有時間慢慢難過與傷心。

也許距離成為一個有力量的人，還有一大段路，但我很清楚，自己的心，早已從軟弱慢慢進化成堅強。帶著這顆心接受更多挑戰，讓我遇見了好多善良的人，他們都是在這個世界上的某一個小角落，用自己的力量做著改變世界的小小事情。

上田太太的上甜領悟

一個人在異鄉的生活，肯定不全是上甜的，但也不盡然都是艱苦，尤其近一年來，工作邀約漸增，經常一個月有一半的時間都不在家。

某次因過勞而在東京的電車裡暈倒，醒來時在腦海中迅速地快轉自己的一生（是人生的跑馬燈出現？）。曾經抱怨這一切，如今感謝爸媽帶我來到這世上，謝謝他們給我一個不是很完整的家庭，才讓我的人生可以過得不平凡。

如今，在爸爸走了的第二十年，我終於為自己做了勇敢的決定。嫁來日本，除了天上爸爸給了我勇氣之外，更得感謝，我生命中一直以來最重要的媽媽與妹妹的支持。

即使經歷過不堪回首的瘋狂年少與無數場的家庭革命（苦笑），但現在，終於看清楚自己要的是什麼，人生彷彿從窒悶轉為終於可以呼吸到空氣般的舒暢，

每天醒來所做的每件事，都是想要做的、喜歡做的，不為別人而是自己。

五月天阿信說：「總有一天，你會把你的叛逆變成你的夢想，把你的夢想變成你的世界，獻給你媽媽。」如果我過去有百分之百的叛逆，我將會轉換成百分之一百二十的光芒，送給我偉大的媽媽。

一起參與上甜生活

這本書是我自己生命的記錄，一個來自台灣中部的女孩所看到很小的事，其中包括到日本後跟阿桃相遇、台日夫妻間相處的點滴，以及日本的生活、文化與工作。

感謝出版社的邀約，讓我在整理這本書時，有機會再次回頭看看自己過往，也再次了解到自己有多麼愛我的母親，我的家人。

文章裡面介紹了這近三十年來的所有，每個經歷都是由瘋狂的過往跟無數的感動淚水組成，**在跌倒痛過後，終於明白，這社會，沒有絕對的是非對錯，只有肯不肯走。**

很幸運人生裡有個很勇敢的媽媽，還有個很疼我的婆婆，兩位母親，都是我的愛。更感謝，天使爸爸給我一個很溫柔可愛又愛吃的丈夫，我的另一半。

眼淚就像珍珠，應該把它用在值得的人事物上，這樣珍珠才會有屬於它的價值。當自己心態轉變時，眼睛看出去的風景也會變得更寬更多彩。謝謝所有給我肯定與讚美的朋友們，因為有你們，我變得更有力量，我也會繼續加油的。

這本書也算是給自己的一份禮物，一份現在的我跟過去的我和解的禮物。如果願意的話，歡迎一同參與我的人生，希望能為你們帶來一份小小的感動。

第1話

胎胎與阿桃初相遇

感謝天上的爸爸，將你派來我身邊。
八年後的現在，我們用最日常的生活，
一一訴說著八年來的我們，
沒有日劇中的羅曼蒂克，只有阿桃的呆拙，
與我的土氣……

Are you Japanese?

八年前，剛到日本留學的我，每天拖著沉重步伐往學校走去，一想到那鴨子聽雷的課程，還要開始孤伶伶地吃飯，就全身無力。原以為會這樣持續一整年直到回台灣，殊不知就在命運安排下的某天，上完課後，正在收拾書包的我，完全沒發現面前站了一個日本人。

「Are you Japanese？」突然的一句，讓我緊張到用中文急忙澄清自己是台灣來的，當下還沒有反應過來，只覺得他長得很像木村拓哉在日劇《CHANGE》裡飾演的鳥巢頭總理，而他愣了一下，傻笑地睜大雙眼看著我，頓時，我們兩個都紅著臉笑了。

跟木村一樣，偏迷你的身高，一頭自然的微捲褐髮，一樣的深色膠框眼鏡，對當時完全就是土包子的我而言，日本偶像裡也只知道木村拓哉，現在想來雖然很誇張，但當下真以為木村就活生生地出現在眼前。（誰知道，現在結婚後，他是個木瓜倒頭栽……）

呆傻地站了一會兒後，這位小木村用著不是很流利的英文對我比劃了一番，透過老師從中翻譯才知道，原來他自告奮勇說要幫忙買課本。

第一次，我們交換了手機號碼。當天晚上我因為多了一位長得像木村的朋友而開心到失眠，而這，也是我們台日夫妻相遇的第一幕。

一本教科書的邂逅

幾天後突然接到小木村打來的電話，劈哩啪啦滿口日語讓我不僅聽不懂，更不知道該怎麼回答他。這次沒了英文老師從中幫助，我們倆靠著僅會不多的英文單字，亂七八糟地拼拼湊湊，才知道他說書已經買到了，想要快點拿給我。

雖然只是簡單的一段話，卻搞了快二十分鐘才似懂非懂地理解彼此想說的內容。而在掛上電話這頭，我滿頭大汗但卻一直傻笑，不知道為什麼，就是覺得心裡好暖。

當天下課後，小木村竟然出現在教室門口，那瞬間我緊張到心臟真的要從嘴巴裡跳出來。腦海裡不斷浮現，「害啊啦，害啊啦！剛剛他電話裡不是只說書買到了而已，啊怎麼一下子人就出現在這邊了啦，還是他有說我沒有懂？（台灣國語OS連環發）」根本聽不懂這個人想說什麼，兩個人的破英文又派不上用場，到底該怎麼辦？心裡就這樣邊想邊抱怨，腳卻不由自主地往教室門口走去。

（攝影／梨寶）

此時，小木村悠悠哉哉地拿著課本並對著我傻笑，而我緊張地翻遍包包，才發現……「可惡，怎麼沒帶到裝紙鈔的錢包！」「管他的，乾脆就把身上僅剩的所有零錢都給他再說了。」心裡邊默想邊緊張地將身上所有的零錢都往小木村的手上倒了出去。

誰知道，零錢們像長腳般地往他手掌外奔騰跳躍，笨拙的我看著零錢掉滿地，想都沒想就趕緊蹲下撿，簡直糗斃了，但抬起頭時發現小木村也蹲在我身邊幫忙努力撿。

對到眼後，彼此又都笑了。

第二次，多虧了長腳的零錢們，我們順利交換了電子郵箱。

一個禮拜後，收到小木村用英文拼打出的簡訊，說他想邀我假日一起去圖書館看書。當下沒有想太多就答應了。只是赴約的前一天晚上，竟然因為有人對我如此的關心，而開心到又失眠了。

從一只平底鍋，遇見桃式愛情

隔天假日，我們一人騎一台阿嬤菜籃淑女車，在往圖書館的那段路上，不知是語言隔閡問題太嚴重，還是兩個人都青澀害羞，一路沉默沒人說話。沒想到老天又給了一個更大的考驗……

到了圖書館後才發現竟然休館，小木村只好打開他的金口說：「じゃあ、あちこちに連れて行きましょうか？」（那，帶妳四處繞繞吧？）呵呵，我依然聽不懂，但想著此時此刻應該也只能點頭賣笑，就做作的微笑點頭了。

阿嬤淑女車之旅

不知道要去哪裡的我，跟著彷彿也沒想好目的地的他，第一次騎阿嬤淑女車到這麼遠的地方，四周都是陌生環境，自以為已經把緊張感掩蓋得很好，怎麼知道小木村看起來憨憨呆呆的，竟然也察覺到我的不安。

他開始往我右手邊併排騎過來，用著詭異的英日文問我喜歡日本哪些歌手？哪些食物？哪些文化？這種一天到晚被學校老師問的外國人必答問題。但看得出來，他心裡其實跟我一樣緊張，緊張到他帶我逛的第一站竟然是百貨公司裡，賣平底鍋的專櫃。

當下我只是呆站不動，看著他因看見許多花花綠綠的造型平底鍋而像隻小鳥般雀躍的模樣，久久無法反應過來時，他竟然又一臉充滿希望地問我：「哪一個平底鍋比較好？」傻眼的我隨便指了個紅色的平底鍋敷衍他，他卻說，他也是喜歡紅色這個。

當下我心裡想，真是個怪人，如果可以的話，最好今天說再見後，從此都不要再見了。心裡再三反覆地如此想著。

等這怪異的小木村看完心儀的紅色平底鍋後，才想起要問我是否有想買的東西。而我也秉持著道地外國人到哪都得留紀念的精神，大聲地說了「要買明信片」！他一臉恍然大悟地點點頭，卻帶著我在整棟百貨公司裡跑上跑下尋找。多虧了他，那一天在百貨公司，我們逛得一點都不悠閒。（笑）

裝熟搞笑的大頭貼

出了百貨公司後，感覺很沒梗的他竟然還開口邀我一起去拍大頭貼！（哎唷！我的媽呀，你們可知道我當時有多討厭這機器，多年前台灣盛行時，我怎麼都拍不出美好回憶，而如今竟然還有再度相遇這拍貼機的一天；還有，交往後我才知道他當時其實也是千百個不願意，只是因為日本女生好像都很喜歡拍，以為我也很喜歡。）

溝通不良的兩人，硬著頭皮尷尬地拍完照片，連上頭圖案都是小木村親手畫的，不懂日文的我只是從頭到尾站在一旁傻笑，一邊看著眼前這個認真畫著小插圖的日本男生，其實也挺可愛的。

在大頭貼列印出來時，他認真並小心翼翼地將照片對半剪開，遞到我面前時，那個笑容、那個表情，開心單純得像個孩子。

看著剛拍好的大頭貼，才發現剛剛拍照時的我們，雖然對彼此都還不熟悉，但在鏡頭前的兩個人卻都笑得好開心。

拍完貼，各自拿著照片傻笑邊走，不知不覺到了星巴克門口，小木村問我是否要進去坐著休息一下？看著裡頭滿滿的人，我又做作地說，找間人比較少的咖啡店休息吧。

大頭貼機器倒數會讓人很緊張，沒想到我們也假掰裝得感情很好那樣，照片看不出當時完全溝通不良吧。

於是，我們到商店街的某間轉角咖啡店旁，停好了淑女腳踏車，坐在昭和時代風格咖啡店裡，用著難以溝通的怪英語講著好多事情……記得他拿起一支有點斷水的筆，在面紙上寫下自己的名字及喜歡的歌手，也看見他努力要寫出我的名字，卻因為中文漢字太過困難而苦惱的表情；更不會忘記，那天的他點了咖啡，我點柳橙汁，我們還一起點了一片起司蛋糕。

當時的光景、店裡的裝飾、播放的音樂，在那瞬間深深映入我的眼裡及腦海裡，不可思議地看著眼前這位名為上田的日本男生，我們就像走進櫻桃小丸子的爸媽年輕時相遇的場景。也因為知道了他的本名，加上我們的學校就在日本桃太郎童話的岡山縣，從那天起，我就叫他「上田桃太郎」。

電器百貨裡的日文大考驗

桃太郎雖然矮小腿短，走起路來卻像風一樣快。走出時光感濃厚的咖啡廳，瞬間就看不到他人在哪，在搜尋著他身影的同時，我的目光被一群身穿鮮亮黃色背心的大學生們吸引。

雖然聽不懂他們在大喊著什麼，但看到他們胸前抱著募款箱及身後的大海報，也不難猜出是要為單親貧困的孩童們籌建學校的募款活動。

同樣來自單親家庭的我，笑臉走近後二話不說，將身上所有的錢通通投進募款箱裡，當下所有人大聲地對我喊著謝謝，讓人害羞得不知如何是好，頓時才又想起，剛剛正在搜尋桃太郎這件事。急忙左顧右盼，才發現他正站在一段距離外的某個轉角，遠遠望向這邊。他笑著往揮揮手，意示要我走向他，那眼神好溫暖好溫柔，讓我瞬間感到好安心。（交往後的某一天，他才跟我說，那一天他看到我傻傻地將所有錢都丟到募款箱，只為了幫助孩童的這個舉動，那一刻他有了「好想跟這個女孩一起走下去的念頭」）

一個人也沒問題

原以為約會就這樣結束了，卻看著桃太郎繼續往前走進日本大型電器用品百貨公司，遞了張商品DM，要我自己想辦法找到DM上的炊飯器，還說自己會假裝成其他顧客，站遠遠地看著我一個人用爛日語去問店員，不會出手幫忙。當下我好急好慌張，心裡也千萬個不願意，覺得：「為什麼要這樣被他戲弄，而且還要配合他？」

不肯服輸的我，雖然很不情願，卻怎麼樣也想證明我們台灣人絕對不是好欺負，硬著頭皮隨意拉了個店員，就開始比手畫腳的問了炊飯器的位置，終於在費盡千辛萬苦後，讓我找到了。正想要回給桃太郎一個得意的表情時，他卻先給了我一個微笑，並稱讚我很棒。

一頭霧水的我，搞不清楚他到底是想看我笑話還是怎樣，心裡一樣碎罵不停。沒想到眼前這個帶著溫暖笑容的桃太郎，馬上一臉認真教我說了一句：「すみません、これはどこですか？」（請問這個東西在哪裡呢？）並要我跟著他重複念好多次好多次。

當時的我，連這句話到底是什麼意思都搞不清楚，只是傻傻地跟著他的發音一起念，等記住後，他又指出了DM上第一樣商品，是麵包超人的剉冰機。

這次，不知道為什麼，我竟然萌生想挑戰看看的心情，滿心歡喜地去找尋剉冰機，而他教我的那句話，真的就像魔法般，憑著背熟的發音念出了一串，店員的反應竟然是聽得懂，當時我開心得都快跳起來了！可愛的麵包超人剉冰機這次一下子就被我找到了。望向桃太郎時，他也正在看著我，我們又笑了。

到了百貨公司的頂樓，我們坐在板凳上，他輕輕地說：「以後妳一個人開始在日本生活，要買東西時，只要講出剛剛我們所學的那句話，就沒問題了哦！」之後還拿起我從台灣帶來的日常生活對話日語書，一句一句確認，「這句日本人不太會講到」，「這句一定要學起來」……等等，細心地在每個句子旁邊畫上星星記號。

桃太郎的大擁抱

到現在還記得害羞的他，在那天所做的一些貼心小舉動。

坐在投幣式娃娃車上的他，趁我從廁所走出來時，瞬間拍了一張我的照片後就說該回家了。我心想，那表情一定醜到不行，他卻當沒事的趕緊將相機收進包包。到了一樓後，他先是快速跑到筆電區，然後又要我去看那台白色的小筆電如何，走近一看，才發現他竟然用英文打出一排字：「妳今天玩得開心嗎？很高興認識妳：D」。

瞬間，心好暖，而容易害羞的他卻

八年前第一次約會的照片跟現在的我們完全不像，不知道的人還以為我們去整形，然後愈整愈糟糕，哈哈。

只是面無表情地說：「走了，回家吧。」（當下還來不及告訴他，其實我心裡很感動，很開心）殊不知，在送我回到宿舍，停好腳踏車時，他無預警給了我一個大擁抱，只記得當時自己瞪大了雙眼好久好久。而他卻還是一樣面無表情地說聲晚安，就走了。（我想他當下一定跟我一樣好緊張好害羞）

眼淚口味的日式馬鈴薯燉肉

腳踏車約會完的幾天後，某天晚上，桃太郎打電話來，聽到我因為想家而不安的聲音，想不到沒多久後，他竟然就像聖誕老公公般，揹著一大袋餅乾零食出現在我的宿舍門前。

看著他因為天氣冷，流著鼻涕卻急著伸手要將袋子遞給我那個認真又害羞的表情，我不由自主地笑了出聲，看到我笑了，他伸出冰冰的手輕輕撫摸我的頭，顫抖地說：「妳笑了，那我就放心了。」

從那一刻起，我知道，我們的故事還會有續集。

的確，就在第一次約會完後的兩個禮拜左右，他傳了封簡訊，邀我下課後去吃飯。其實他早就事先計劃好，要在他租的公寓裡做好料理後我們再一起吃，因為這樣最省錢。說真的，當時的我們都沒有想太多，純粹不想花大錢，桃太郎搞不懂什麼是女生想要的羅曼蒂克，而我也因為終於有一位新朋友好開心，糊里糊塗的兩個人就這樣，又騎著阿嬤單車來到他的小小公寓。

一進門，他緊張地從背包裡拿出一雙吊牌都還沒剪的百元拖鞋，想也知道他一定是見面前急忙衝去百元商店隨便買一雙塞進包包。

還看到一包已經自然解凍好的肉片躺在流理台上，而他卻緊張地把我帶進他的房間，當時他的房間很窄很克難，是放電視與暖桌的地方，睡覺時再從櫃子裡搬出棉被打地鋪。桃太郎要我坐進暖桌裡看電視就好，沒想到，打開電視竟然是他特地為了我錄好的，木村拓哉所演的日劇《HERO》。

原來第一次約會那天，我說過我喜歡木村拓哉的日劇，而他真的把我說的話聽進去了。看著沒字幕、全日語的《HERO》，又從門縫偷偷瞄到桃太郎一個人認真料理的背影，那瞬間我鼻酸得止不住眼淚，來到日本後的不安與無助，終於在這一刻感到安心。

吃著桃太郎煮好的日式馬鈴薯燉肉時，我又再度紅了眼眶，不知道發生什麼事的他，為了要安撫我，在飯後立刻拿出了一個跟台灣珍珠奶茶一樣大杯的巨人布丁，還（聰明地）不忘拿了兩根湯匙，像哄小孩那樣對我說，「妳乖乖，我們一起吃大布丁，就會心情很好喔！」

聽不太懂他說什麼的我，看著他一副帶動唱的樣子，拿了其中一根湯匙，兩個人一起吃掉那個好心情大布丁。

那天吃飽飯後，我們又各自騎著單車，在陪著我回去宿舍的路上。經過我們學校，桃太郎問我，是否可以抽根菸？於是我們摸黑坐在校園的冰冷板凳上，吸著他的二手菸，聽著他所說的話，讓我更想進一步多認識他瞭解他。

他說他一直在想，到底該怎麼做才能讓我不再不安並不再流眼淚呢？其實，除了陷入困境或想事情以外，他是不抽菸的，理由一樣，因為菸很貴。即使那晚很暗，看不清楚他的表情，但坐在他身旁的我卻深深感受到，他是認真且用心的在擔心著我。

一起生活吧！

那時，還是留學生的我，每個月靠著媽媽從台灣匯來的五萬日幣生活，但因搞不清楚日幣幣值且不擅於理財，曾有過只剩日幣五百元要過一個月的經驗，卻也還樂天不煩惱。那是桃太郎第一次對我生氣，甚至還嚴厲地對我說：「如果只是存心要來玩樂，那倒不如趁早回台灣就好。」

一邊叨唸，卻一邊從皮夾裡拿出兩萬日幣遞到我手上，要我別擔心，也別讓在台灣的媽媽及妹妹擔心。愛哭鬼如我，拿著那兩萬塊馬上又一把鼻涕一把眼淚地感動個不停，此時的桃太郎只是輕輕摸摸我的頭，什麼話也沒有說。

除了家人以外，第一次，有人對我生氣是因為心疼、因為關心。多虧那最後的五百日幣，我感受到他對我的深深用心。

不到四坪的房間裡，原來這就是同居

到日本的半年後，桃太郎邀我跟他一起生活。即使我們誰都沒說出「我們交往吧」，但那段時間的相處就像是一般情侶，也因為一起生活後，房租只要各付一半，於是我們很輕易地（被錢收買）決定了。只是住在一起後才發現，「一起生活」四個字並不簡單。

我們的學校位於古老傳說中桃太郎的故鄉，也是盛產水蜜桃的岡山縣。有別於一般外國人印象中的大城市如東京或大阪，岡山相對沒那麼熱鬧。抵達日本的第一天就讓我驚訝連連，怎麼沒有東京鐵塔？怎麼沒有人擠人的地下鐵？怎麼沒有想像中夢幻熱鬧？

即使跟想像中的日本相差很多，當時還是窮學生的我們，也只能騎著阿嬤淑女單車，在宿舍附近繞繞，在公園吃飯糰，或是奮力踩踏一個小時以上，到比較大型的購物中心吃冰棒。當時覺得麻煩又累的那些事，現在回想起來，那種單純快樂，卻還會讓人心暖發笑。

（攝影／梨寶）

一起生活四個字其實並不簡單，不，應該說是極度困難。
但卻也真真實實給了我們各自一個改變人生的機會。

桃太郎的三個工作

跟桃太郎一起共同生活後，雖然每個月都會定時付一半的房租與伙食費給他，感覺上應該已經減輕他原來的負擔，但卻不知道為何他卻反而多找了另外兩個打工的工作。

因為上課與工作兩頭跑，讓我們倆可以相處的時間大幅減少，當時的我無法理解，為何邀我一起生活，卻又不好好珍惜可以在一起的時間？也因為當時留學簽證期限只有一年，讓我非常心急。好多次我們都因為這件事吵架，但無論怎麼問他，總是聽不到能讓我理解的答案。卻在某次他喝醉後，一邊抱著我，一邊說著好多次的對不起時，才知道，原來他想要賺更多錢，才可以趁我還在日本這段時間，帶我去岡山以外的其他地方玩，為我製造更多美好的回憶。

頓時我覺得好慚愧，只顧著自己的感受，從沒有好好理解桃太郎的心思，也在當下決定，無論他接了幾份工作，我都要努力在背後好好支持著他。

一起生活後，我們創造了許多難忘的小浪漫，回想起第一次走去超市買冰的路上，因為一句「天上好多星星好漂亮」，桃太郎立刻拉著我一起躺在路邊往上看。兩人並肩躺著，看著滿天星星，又看看他，那畫面，一直到現在還很清晰，也讓我瞬間感受到「一起生活」的美好。

不通的日文，無法分擔家計

但生活畢竟是生活，總是有酸甜苦辣，不可能每天幸福甜蜜。

來日本留學的前半年，在只會說五十音及超簡單日常用語的狀況下，我根本找不到任何打工的機會。開始跟桃太郎一起生活後，看著他這麼辛苦一次打三份工時，我心裡想著，即使日語再怎麼不好，只要有機會能幫忙分擔家計，都得要去試試看。

下定了這份決心後，連續好幾個禮拜，每到下課或是週末，都自己騎著腳踏車到車站附近的每個店家，一間一間地詢問是否徵人。

不過因為當時日語真的講得亂七八糟，所得到的回應全部都是「不」。有些好的店家會在委婉拒絕後，跟我說哪些店可以不必講日語，只需要在後面洗碗即可；但也碰過無情冷淡的店家，直接對我說，「徵外國人的日期就到昨天，今天開始只徵日本人」等等，許多誇張的理由，讓當時的我內心大受打擊。

這一切，桃太郎都看在眼裡，但從頭到尾，他完全沒有幫我打過任何一通電話去問，也沒有陪著我一起去面試，卻在我面試失敗的最後一天，他帶我到外面吃飯。整頓飯，只對我說了一句：「妳已經盡力了，妳很棒。」

聽完他的話，我知道他是刻意放手讓我自己去體驗這一切，但卻始終掛心著我。心裡暖暖的我含著淚，將幾個禮拜以來所受到的委屈，連同熱熱的飯菜，通通一起吃到肚子裡面去了。

這手套是大學時期，我送給桃太郎（後稱「阿桃」）的生日禮物。如今裡面的棉絮都跑出來了，阿桃依舊在上班騎腳踏車去公司時戴著。我心想，這樣真的還能保暖嗎？前幾天我幫他整理包包時看到這感覺很可憐的手套，回想到當初送他距今已經快八年，瞬間又決定，補一補應該還可以再讓他用個八年。

第2話

上甜生活，有時還有酸苦辣

我們盪了人生第一次的「兩人座」鞦韆，
遺憾的是，身邊那位的體重牽引著地心引力，
再怎麼努力都還是無法飛高高（只換來了滿頭大汗）。
我覺得這樣好浪漫，
阿桃卻只注意到他腳好短好粗好多毛毛，
果然他的偶像包袱重到快追過他的體重了。

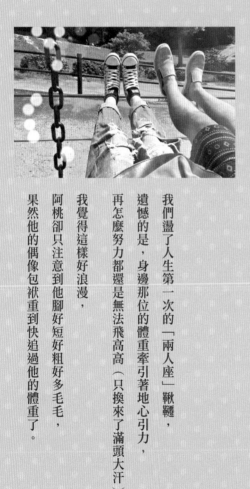

以結婚為前提的試婚

「世事難料」這句話是真的。

日本交換留學畢業後，回到台灣的我進入職場工作還學貸。原以為兩人之間的感情能不受距離影響，卻忽略面對景物依舊人事全非的阿桃，心裡會是如此難受，最終他提出了分手。

分開的那一年，我們斷了聯繫，原以為緣分就這樣結束，阿桃的爸媽（後稱桃爸、桃媽）卻對我說：「當不了媳婦沒關係，我們家早已把妳當作女兒看待，在台灣找更好的對象吧！」這番話讓我深深感動，他們的好我一直銘記在心，不僅每個月寄來小禮物為我加油打氣，桃媽更是經常傳電子郵件來關懷問候，一整年的台灣生活，沒了阿桃，卻多了在日本的溫暖家人。

「人算不如天算」這句話也是真的。

一年後的某天，一如往常上班工作時，收到了桃媽突如其來的委託，阿桃即將要到台灣交換留學半年（日本的上下學期與台灣剛好相反，加上阿桃休學一年，所以雖然我們年紀相同，但我畢業時他還在辛苦與課業搏鬥中），希望我能以朋友的身分，有空時多照看他一下。不可思議的是，阿桃選擇就讀的學校竟是我的大學母校「建國科大」，當下心裡五味雜陳卻又帶著一絲喜悅，實在矛盾。

阿桃來台灣那半年，我每天上班工作，能關心他的時間有限，沒想到我媽阿雲捨不得他孤伶伶的樣子，每個週末都邀他來家裡，為他烹煮大魚大肉當自己的孩子餵養；阿桃也很識相地總把料理吃光光，在那半年，足足胖了十公斤（好像離題了）。

因為相處時間變多，我們談了許多關於分開失聯的這一年內，各自發生的事，漸漸地找回了當初對彼此的熟悉感。在留學結束前他對我說，希望能再給他一次機會。

「這就是緣分」的聲音，在我心頭縈繞久久不散，掙扎許久之後，我願意再給他一次機會，也再給自己一次機會。

打算就這樣跟著他一起回日本生活時，阿雲竟跳出來反對。雖然她總是對阿桃惜命命（台語），但媽媽就是捨不得女兒離得這麼遠，便每天在我耳邊碎念：「妳怎麼不找個有錢人嫁一嫁就好了？近一點也好啊！」只是，媽媽請妳告訴我，這世界上哪有那麼多有錢人可以嫁啊！

總之那段時間，阿雲用盡各種方式，卻始終無法動搖我想為愛追隨去日本的心意。抗爭到最後，只好對她撂下狠話：「與其要我嫁給不知道在哪裡的有錢人，倒不如讓我先試試看跟阿桃一起生活，假使一年之後發現彼此不適合，那我就回來。」阿雲拗不過我，便不吭聲地答應了。

家庭革命成功，我立即辦妥日本打工度假的手續。幾個月後，再度回到日本，回到阿桃身邊。

原以為到日本生活之後就是完美結局，卻沒想到阿桃應徵上一家非常傳統的公司，每天從清晨到半夜的上班時間、前輩老鳥制度以及公司守舊的文化，讓他備感壓力。

當時的我，對未來生活還沒有想法，在台灣工作一兩年的積蓄，在繳付完學貸後也已身無分文，凡事都需要依靠阿桃。看到他工作這麼辛苦，我暗自在心裡決定：「一定要靠自己來支持阿桃，即使再怎麼難撐，也要撐下去，給我媽看，也給自己一個挑戰。」為了賭一口氣，來到日本與阿桃愛相隨的酸甜苦辣奮鬥史就這麼展開了。

豆芽菜生活

剛進入試婚生活的我們，經濟基礎尚不穩定，身為社會新鮮人的阿桃，早上五六點就得去公司上班，回到家都已經晚上十一點多。當時覺得自己應該要先照顧家裡，學著怎麼煮飯，把所有事情安頓好，把這一年的時間當作是「花嫁修業」（日語中的「婚前新娘特訓」）。

但是阿桃上班的時間實在太長，我一個人在家的時間很多，總是不停思考自己到底能夠為家裡多做點什麼。為了節省開銷，先是把家附近的超市特價時段都熟記在心，每天逛超市變成最大的娛樂消遣，若還能搶到紅色標籤的特價商品，就會高興上一整天。

日本超市裡通常都有特價區，擺放在那邊的商品可能賞味期限比較短，或者不是那麼漂亮完整，但價格便宜很多，有時還會出現半價以下的折扣。

我的個性比較隨性，集點卡與特價品這些東西完全不放心上，但認識阿桃之後，發現集點卡簡直就是他的命，還會為了買到最優惠的商品而連跑三間超市瘋狂比價。

看他這樣，讓人總不經意地在心裡嘀咕「你都把人生浪費在這種小事上」。可是一起生活久了，為了要平衡家計支出，不知不覺地，我竟也變得斤斤計較，甚至比阿桃還更會精打細算。（笑）

有次運氣真的太好，讓我搶到只要日幣九元的豆芽菜（折合當時台幣約二至三元），與日幣二十七元的杏鮑菇（約台幣七至八元），重點是它們還挺新鮮的，讓人一度懷疑店員是不是貼錯標籤，但怕搶輸其他專職主婦歐巴桑，還是先拚了再說。

當天晚餐就用搶到的戰利品，連同家裡剩下的肉片，搭配燒肉醬隨意炒一炒，一餐只要約台幣十元就能輕鬆打發阿桃，真是太划算啦。

在經濟最拮据時，阿桃曾對我說：「生活如果難過，我們就多吃點豆芽菜，便宜又營養，一樣還是可以活得很好，如果將來多了孩子的陪伴，就一起過著豆

市場的人情味

生性節儉的阿桃，來台留學時，第一次在台灣菜市場大開眼界，發現不只有種類繁多的蔬菜水果販賣，更多了一份超市裡買不到的「人情味」，尤其是跟阿雲一起買菜時，往往在一連串討價還價後，總是能多帶走一把蔥、一根薑，看似一臉不情願的老闆，其實心裡也是很高興的。

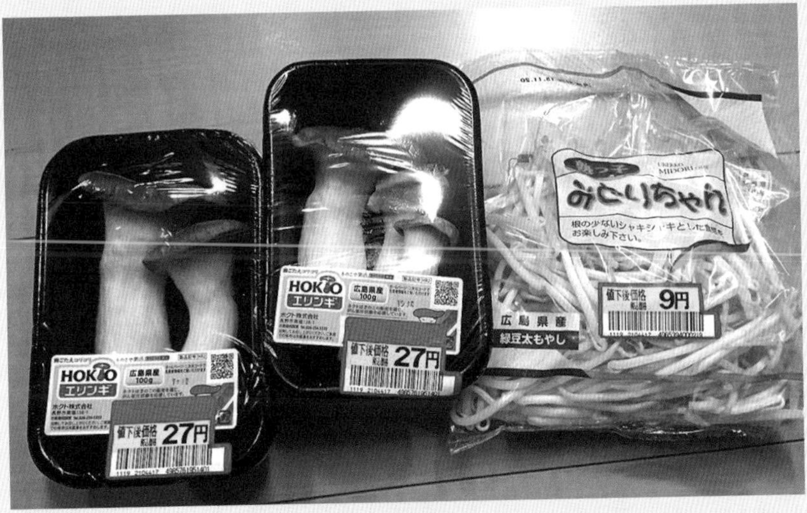

一包折合當時台幣約 2 元的豆芽菜跟 7 元的杏鮑菇。

芽菜生活吧！」**他的樂觀，總能把辛苦的生活變得沒有那麼難捱，就像豆芽菜，不需要太多照顧，依舊可以堅強地活得很好。**

務實不浪漫的愛

阿桃是個很遲鈍的人，不太在意別人的眼光，人生字典中更是沒有「浪漫」兩個字，他所給我的都是很務實、很實際的東西。

開始一起生活的某天，送他出門上班後，門鎖一關上，門板後方夾了很多便條紙的留言板也應聲掉落。我一邊碎念一邊整理的同時，發現留言板紙條的最下層有張紙寫著：「今天也要為了我最棒的女朋友好好加油」。

這是我們還沒共同生活時，他每天出門前對自己的加油打氣。

想到他每天早出晚歸，公司上班壓力如此大，突然覺得好心疼。經常抱怨他不懂女孩的心，不會花言巧語，卻不知道原來在他心中，竟把我看得這麼重要。想起那些一起走過的喜怒哀樂，害我差點把玄關哭成游泳池。

擦乾眼淚後，我也在那紙張上寫下回覆的話：「最最喜歡的桃太郎，工作辛苦了。每一天我都超超超喜歡你，每一秒我都超超超想見你。一直都支持著你喔Go! Go!」。

隔天早晨，送他出門上班時，我們同時看到了這張紙條，再同時轉頭看著對方，一起笑了。

今天也要為了我最棒的
女友好好加油。

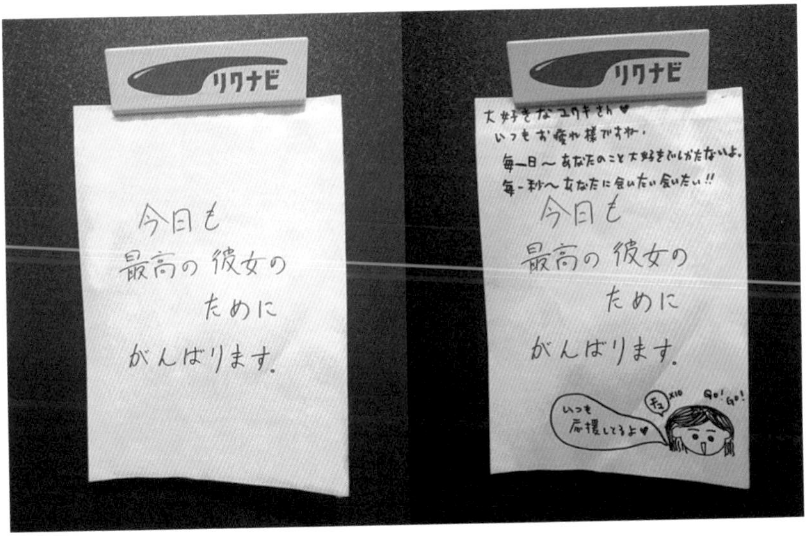

胎胎理髮廳

為了省下理髮的錢，沒有剪髮經驗的我，還是對阿桃直接動刀。想不到太陽太大，阿桃的爸爸為我們準備了一把有著甜美蕾絲的少女陽傘，在一旁幫我們拍下了這實驗性的一刻。

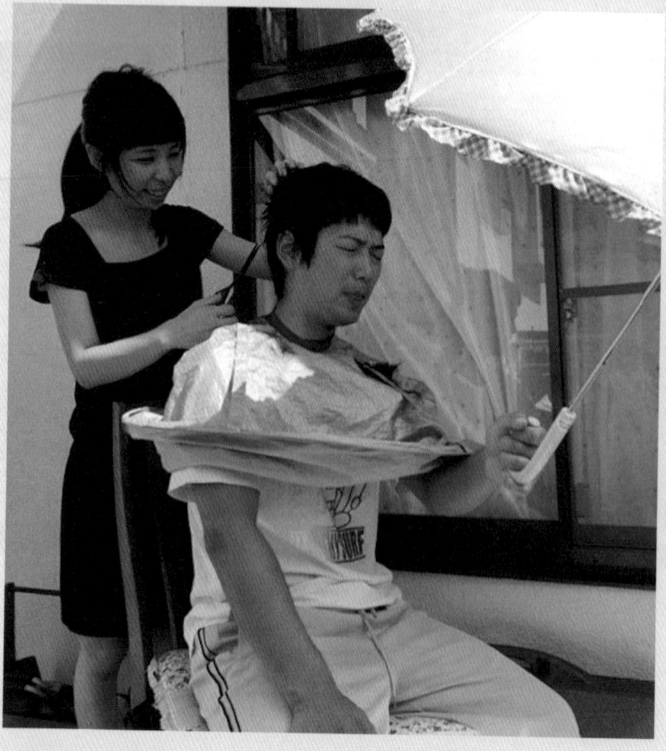

為了婚後能吵架，得搬到大一點的家

婚前，剛踏入社會職場的阿桃，用微薄的預算租了一個小房間當作宿舍。小空間雖然溫暖，但生活裡的各種挫折難免會引起爭執，尤其是我的打工簽證（花嫁修業）快到期的那段期間，為了結婚的種種問題，吵得更是厲害。

這時候一般人通常都不會想跟對方講話，更不想看到彼此對吧？可是同處於小房間裡的我們無處可躲，把對方當作空氣的這種日子，讓人無法忍受，只能往外跑。偏偏住家附近沒有地方可以逗留，遠在日本的我也沒辦法一生氣就跑回台灣，只好一個人躲在超市的停車場，大哭過後再回家面對。

後來阿桃覺得我這樣很可憐，我也發現自己這樣蠻蠢的（笑），於是我們都認為是時候該搬家了，至少要讓彼此有各自空間可以獨處，吵架後也有個地方可以冷靜。

換屋的另外一個原因是，來到日本之後，我很急著想把在台灣的寶貝——法國鬥牛犬「辛巴」——帶來異鄉作伴。每當生活裡的挫折與寂寞來襲時，只要一想到牠我就無法停止哭泣，沒養過寵物的阿桃雖然不太能體會，但愛屋及烏的他決定找一個狗狗也能入住、比較大的地方來生活。

那段時間我們一邊努力做台日兩方家人的婚前協調，一邊找房子。因為阿桃上班時間長，所以找房看屋幾乎都由我自己處理。一個外國人獨自在日本找房子，對看屋時的屋主與我來說，都是個艱辛又難得的體驗，多虧阿桃的包容與協助，最後終於讓我找到一間可以養狗的夢想小公寓。

開心之餘，阿桃將搬家的日子與結婚登記安排在同一天，更是喜上加喜。還記得當天早上去市役所（相當於台灣的戶政事務所，以處理戶籍、簽證等相關事項居多）交出結婚登記書後，就立刻趕回宿舍搬家。從只有一個房間的家，搬到有三個房間以及客廳的家，以後再也不怕吵架啦。

遺憾的是搬好了家，也辦妥狗狗到海外的所有手續，才知道因為辛巴是短鼻狗，許多航空公司拒載，讓我難過了好久，卻也只能接受。

我在台灣的寶貝——法國鬥牛犬「辛巴」。
短頭型動物們（扁鼻子、短嘴或扁面），其實都不建議上飛機，因為牠們容易在飛行過程中因呼吸困難而喪命。

從林小姐到上田太太

日本的打工簽證只有一年，在簽證快到期前，我們討論起結婚的可能。

但是阿桃的爸媽不同意，覺得自家兒子還不夠成熟到可以走入婚姻。桃爸對我說：「妳就是我們的女兒，妳爸爸把妳交給我們家，我們會好好對待妳，捨不得把妳嫁給我這不成材的兒子啊。」聽到這番話，我當下忍不住落淚，沒想到在親生爸爸離世這麼多年之後，老天爺竟送給我一位如此用心疼愛我的日本爸爸。

阿桃聽見這樣一番話，靜靜地沒半句爭論，只跟桃爸說了句「我會好好努力的」。在那之後，為了打動桃爸、獲得認同，他每個禮拜開車回廣島，將關於結婚的細節一一與父母討論。即使單程就得花上將近四個小時，他也毫無怨言，一切只為了證明他對婚姻的負責認真。

當時的我們，沒有多少錢可以辦婚禮，台日兩方家長對於各自婚禮都有基本傳統禮俗的要求，溝通起來有很多阻礙，加上國際婚姻的繁雜手續，即使我跟阿桃已經作好結婚的心理準備，但這一切壓力卻讓我們每天爭吵不休。

費盡千辛萬苦，一層層地解決所有問題與手續後，終於在二〇一四年十一月二十九日那天的早上八點準時交出結婚證書，而且只花了五分鐘就完成所有的登記手續。（在日本，十一月二十九號的日文諧音是「いい肉」の日，指「高檔肉的日子」，愛吃的阿桃一直開玩笑說，這樣的結婚紀念日他一定不會忘記。）

五分鐘，讓我這從台灣來的林小姐，變成了日本人妻上田太太。

異國婚姻簽證

日本的配偶簽證有「在留資格」，配偶簽證有分一年、三年、五年的更新期間。年限判定通常交由日本審核，根據日方說明，如果離開日本國的次數較少，或是已經懷孕者，表示長久居留在日本的可能性較高，日方會給三年或五年簽證的機率也相對較大。拿到三年簽證後，便可申請永住簽證，但依舊能保有台灣國籍。

阿桃的掉漆求婚記

從籌備婚禮之初，桃媽便不斷交代阿桃，一定要向女生「求婚」。想不到桃媽還這麼有少女心，可惜這浪漫情懷並沒有遺傳給兒子。

有一天晚上，我們去加油站洗車，洗車刷毛一邊滾動、水聲轟隆隆的同時，阿桃怕我聽不清楚，便大聲喊道：「妳願不願意跟我進同一個墳墓？」那時我心想，這是什麼情況，要講鬼故事了嗎？事後才了解，他其實是在求婚。

「一起進墳墓？這是哪門子的求婚！」哭笑不得的我把這件事一狀告到桃爸桃媽那兒，不僅被全家人大笑，還被桃媽不斷碎念，呆頭鵝阿桃卻不知道自己到底做錯什麼，一臉無辜地看著大家。

誰知道他心裡其實算計著，要再挑戰一次求婚……

在登記結婚又搬家的那天，從一早奮鬥到晚上九點多。搬完家，早又累又餓的兩人，就在家附近的商店吃了味道很濃的大蒜拉麵，狼吞虎嚥地快速填飽肚子。正想著要快點回家躺平休息時，阿桃不知道哪根筋打結，突然說要去欣賞夜景，在看到他鬼鬼祟祟地把四方小盒子放進口袋時，聰明如我早就猜出這傢伙想玩什麼把戲了。

到了山頂，正打算配合演出既期待又感動的反應，沒想到他竟把戒指盒拿反了，一打開盒蓋，裡面的一對戒指差點掉了出來，緊張的我只能趕緊伸出雙手去接，搞得好像是我迫不及待要嫁。（苦笑）

原以為完全沒有什麼幸福感可言的第二次求婚，就在「掉漆」的畫面要結束的同時，阿桃突然說出「謝謝妳今天願意嫁給我」，也不等我回應，他就緊張地直接把戒指戴在我的「中指」上，這……

他在一整天勞累後，又拚命開了一個多小時車程，只為了那三分鐘的脫線求婚，這是專屬阿桃的愛情表現。其實我不追求一個完美浪漫的求婚，知道他努力單純的心意，也明明白白地收到，這樣就夠了。

來自好友的結婚祝賀禮

台灣的好朋友特地親手捏了一對小人偶，以此當作我跟阿桃結婚的賀禮。她貼心地為阿桃捏了飄逸的瀏海與小濃眉，也幫我把肚子做大一點，祝福我隨時可以懷上小寶包。

始終很感激身邊善良、溫暖的朋友，每天所遇見的每個人，都是得來不易的緣分。這緣分有長有短、有濃有淡，但卻都屬於自己跟對方的「獨一無二」。

克服萬難，終於成為夫妻

交出結婚證書也搬完家後，該來的儀式與宴客還是躲不過。阿桃說：「雖然我們暫時無法辦婚宴來請雙方親朋好友，但至少得辦個簡單的儀式，讓雙方家長安心。」

當時我們的存款不多，但依舊希望能讓台灣的媽媽放心，女兒不是隨隨便便嫁掉，同時也讓桃爸桃媽感受到，阿桃與我對婚姻認真看待的心意。

佛前簡單儀式見證婚姻

日本婚禮儀式有許多種類，最廣被人知的有神前式、佛前式，以及人前式三

在日本租白無垢禮服通常價格不菲，最便宜也是將近日幣十萬元左右，但是，好感謝阿桃與家人，給了我一輩子只有一次的珍貴經驗。

種。阿桃家有篤信的佛寺，所以我們選擇了佛前婚禮的形式，在佛堂裡舉辦結婚儀式後，再喝交杯酒、複誦經文與宣讀誓言。

和服在日本文化裡是相當有學問的，依照不同形式、場合、季節而有所變化。但「白無垢」較為特別，為婚禮的白色和服，繡有白鶴等吉祥的圖樣，象徵嫁來的女子非常純淨潔白，也代表「新娘將融入夫家，沒有自己的顏色」。由於著裝時必須呈現沒有腰身的柱狀，所以著裝師傅會在新娘的腰部或胸部塞入棉布或毛巾來填補修正，當時覺得全身好重啊！

儀式結束之後，男方會為女方披上

一件「色打掛」，就是有華麗錦織圖紋的和服外套，表示夫家能給新嫁娘非常富足的生活。色打掛非常有重量，就像披了一件華麗的棉被。

另外，我頭上戴著白色像蛋殼的棉帽，中文稱作「角隱」。古代日本的鬼怪都有一對尖尖的角，所以「角隱棉帽」也代表「隱藏頭角」的意思，包括收斂自己原有的脾氣、努力追隨夫家，不求自我表現等等涵義。（坊間還有很多不同說法，這裡的說法僅供參考喔！）

穿著白無垢拍照後，寄給台灣親戚朋友，他們都驚訝地說：「結婚穿白色捺ㄟ看欸？」（意指結婚穿白色能看嗎？）因為舉辦結婚儀式，讓我們明白兩方文化的差異，其實也蠻有趣的。

以前看親戚朋友結婚，光是敬茶、拜別父母這段就很容易感傷，可是在我們的婚禮上，法師在念經祈福，桃爸桃媽跟著虔誠誦念，我跟阿桃緊張得要命，阿雲跟我妹妹則是完全聽不懂，只能跟著大家的動作起立、坐下、行禮，完全談不上感動，卻也是一段難忘的回憶。

兩面為難的突發事件

阿桃從大學時期努力打工到出社會所存的那筆小錢，用在租禮服跟儀式費用後已所剩不多，但生活永遠都有緊急突發狀況等著我們來面對，在籌辦婚禮正忙亂的時候，更不可思議的事情發生了……

阿桃老家是國營的老式舊公寓，規定是當家庭的收入超過一定的標準，就不能再繼續住。因為桃爸、桃媽、阿桃以及桃妹四人都在工作，只好被迫搬離住了將近二十六年的家。說巧不巧，就在我們三月辦婚禮的相同時間點。

當我們忙著準備婚禮的各種細節時，桃爸桃媽他們也正忙著找新住所。他們用

長年勤儉積攢的身家財產簽下了一間中古屋，安頓好家人後，雖然每個月還貸款很辛苦，他們卻總是笑笑地說：「換了大一點的房子，以後台灣的媽媽妹妹來日本拜訪時，就有舒適的地方可以住了。」

桃爸還撥出部分現金，拿去繳清阿桃的就學貸款，他說：「無法拿出聘金真的對你們很抱歉，但少了學貸，你們以後的生活，就比較沒有負擔了。」並認為比起表面的傳統禮俗，更應該先解決根基的問題，讓新婚小夫妻一開始的起跑點不要太累，這樣婚姻之路才不會走得太辛苦。

只是這樣的美意，在我們台灣傳統的觀念裡，是無法被理解的，親戚們跟阿

日文小教室：鬼嫁

日本夫妻結婚後，太太要是太強勢或行為惡霸，就會被稱作「鬼嫁」（おによめ oniyome）。現在只要我對阿桃兇一點，他就會說，妳都戴過角隱棉帽了，怎麼還是對我這麼兇？拜託，我只是把頭上的角暫時放在台灣家裡，並沒有把它丟掉啊！

雲的出發點一樣，因為疼愛，捨不得自家女孩嫁去那麼遠的地方，他們站在為我打抱不平的立場上，認為日方公婆有錢買房子、繳小孩的就學貸款，為什麼沒有錢付聘金？只怕將來若我生了小孩或是吵架的時候，都沒有個「依靠」……

兩方的心意與想法，我和阿桃都明白也能體諒，只是夾在台日親友中間不知該如何是好，後來便決定婚禮所有開支、補請宴客的開銷都由我們自己負責，花了許多時間與精力，努力在各種期望中，找到雙方親友都能接受的平衡點。

買車心意獲認可

我跟阿桃結婚只在日本佛寺辦一場簡單的儀式，當時在台灣並沒有宴客，也無法邀請台灣所有親戚一起來觀禮，內心其實也有一點小小的遺憾，總想著會不會讓媽媽委屈了？

這些想法卻在婚前，媽媽阿雲與妹妹來到日本時，順利地化解消散了。

有一段時間，幾乎所有親友都反對我跟阿桃交往，尤其是台灣的長輩們，他們覺得我交往的對象沒有車、沒有房，嫁過去一定會生活得很辛苦。但阿桃只是一般上班族，薪水要繳房租、孝養爸媽，還要幫忙支付弟弟的學費，以及我們兩人的生活費等，實在是無法再多負擔一台車子的費用，外加買車衍生的稅金與保險金。

說起來好像很誇張，但實際上就是這樣。只是沒想到，阿桃為了讓大家認同我們可以繼續交往下去，竟二話不說就貸款買下了一台中古車。

通常男生買車都會選自己喜歡的款式，但阿桃在挑選車款時，無論外型或是所有性能評比，都是以我也可以開為優先考量。他說：「車子買來也是給妳開，我的公司就在家附近，騎腳踏車去就好。」

也因為這番話，徹底打動了阿雲。

阿雲是個明理的母親，她所堅持的每一件事，其實都只是因為怕我往後會吃苦。但在買車事件之後，她對我說：「這條路是妳選的，要學會自己負責。也許一路上走的比較辛苦，但這個男生心很單純，**懂得疼妳愛妳的人，比什麼都好**。」

短短的幾句話，我知道，身為母親，她其實要求的不多，只願女兒永遠幸福快樂。

偉大的單車背影

婚後的某天，我要到神戶出差，我們騎著腳踏車前往車站，阿桃擔心我拿不動行李，所以就將行李箱放到自己腳踏車的後座。就這麼單手抓著握把騎車，單手向後拉住行李，拚命踩踏板，拚命往前騎。

看著那個背影，突然有種感動湧上心頭，想起了以前還沒貸款買車時，腳踏車是我們最好的朋友。

懶惰的我，在台灣依賴機車太久，剛到日本時真的很不習慣。沒想到，最後我會在腳踏車上學到一課，也更加明白阿桃對我的用心。

某次我把腳踏車借給朋友，自己騎著阿桃的車出去遊玩。坐上車，才發現車頭已經歪掉，剎車也故障了。當下不由自主哭了出來，因為阿桃給我全新的腳踏車，自己卻騎陳舊又有狀況的車。每次問他，他的理由都是「對舊有的那台車很有感情，而且超好騎」。我對他說的話深信不疑，直到發現事實根本不是這樣，很想罵他笨蛋，卻又心疼不捨。

不了解阿桃的人，常常笑他做事很傻很俗，但他也都無所謂。就像這樣騎腳踏車載行李箱，一路被旁人關注，但我不覺得丟臉，只感受到溫暖，只想與他一起分擔車後的重量。

現實生活調味的婚姻

婚禮總算是告一段落了，但生活才是真正考驗的開始。

之前即使碰到再多困難，只要能讓雙方長輩親戚安心的事，我們都會努力達成，就算日本結婚費用高到很嚇人，我們都心甘情願。

只是忙完之後，卻完全沒有結婚的感覺。

可能是因為成長環境所帶來的壓力，只要有機會，我會很想一直往上努力，讓自己看得更多，變得更強，才能保護身邊的人。

結婚時阿雲跟我說：「妳這個老公，他不會帶妳環遊世界去看東看西，可是至少妳跑累了，回家會有一個人永遠在等妳。」那時候的我還把阿桃當作一切，便回嘴：「就算妳跟我講這麼多，我還是要嫁給他。」現在回想起來，果然「愛情是盲目的」。

結婚後，我和阿桃的生活跟以往差不多，一直到後來，家裡的經濟重擔漸漸轉移到我肩上時，我才發現，自己已經在不知不覺中改變，不再是小女孩、女朋友的角色，而是真正成為一個老婆，要跟先生一起共同承擔家庭的責任，真實感覺到婚姻所代表的意義。

辦完婚禮後的某天，被現實面逼急的阿桃說：「我們家現在的存款只剩下三萬元。」他一邊說著快沒錢了，一邊像在對我生氣。那瞬間我突然質疑起自己，我為什麼要結婚、為什麼要嫁給眼前的人？（咦，阿雲講的是真的耶！）

我們的婚姻沒有蜜月期，家裡存款所剩不多，阿桃每天上班壓力大、心情差，所以我想在他回家之前將飯準備好，讓他覺得家裡是一個很溫暖、可以放鬆的地方，前提是，我得抑制自己心裡的不安，也在此時終於了解這就是婚姻的現實面。

那時候心裡的矛盾、苦澀，都不能跟公婆說，因為他們真的都很疼我，只要我一訴苦，他們就會責備阿桃，這只會讓他壓力更大；也不能跟遠在台灣的阿雲說，她若知道了必定很擔心。

總是一個人躲在洗衣間偷偷大哭的無數個夜裡，暗自決定，這條路是自己選的，我得勇敢一點。

原來這就是婚姻的滋味，我好像又懂了，**婚姻就是要經由很多很多的苦難，來逼迫自己成長，但又得感謝那些苦難，讓自己明白何謂幸福與珍惜。**

我手上拿的是阿桃買給我的第一隻娃娃「大耳查布」。我們會這麼喜歡它，是有故事的。

它是隻怕寂寞的小生物，在水果箱裡被果販撿到之後送去動物園，卻在動物園受到冷落而感到徬徨，直到一隻鱷魚願意當它的朋友、聽它說話。

就像大學時剛到日本、語言不通的我，遇上阿桃而開啟我們的故事那樣。

（攝影／梨寶）

在日本一手觀察：參加婚禮愛注意

盛裝出席

在日本參加婚禮，多為隆重盛裝，男生通常以暗色西裝為主，女生多以鮮豔的洋裝或是和服出席。

專屬座位

如果婚禮是在飯店舉辦，座位桌上通常都已放著各自名字的桌牌，所以就是循著安排好的座位入坐，而且主辦人會很貼心地在你專屬的座位上，預先放著一大袋的禮物，算是送上結婚禮金後的回禮。

禮金袋

包禮金的時候，台灣人習慣用喜氣的紅包袋，日本人則是用白色或淡雅美麗的祝賀紙袋，上面有很漂亮的織紋圖案。

第一次在日本參加婚禮。因為要見阿桃國小到高中的朋友們，阿桃特地買了高貴的洋裝和高跟鞋給我，還一大早帶著我去美容院設計髮型，為了今天要讓他有面子，我得卯足全力好好的演一下好妻子。

我的百萬牙套

籌備婚禮的後半年，我幾乎每天都出現誇張的偏頭痛症狀，常常痛到手邊的事也無法好好完成。每次到整骨診所治療之後，稍稍進入了康復期，沒多久就又開始陷入頭痛的輪迴裡。

後來有位整骨醫師判斷，頭痛的主要原因，應該是右邊下排後方牙齒缺牙，吃東西都只靠單邊咀嚼，長期下來導致顎關節出了問題，連臉型都有點歪斜。醫師又說，整骨每次花數千塊日幣，但是治標不治本，倒不如先把牙齒整好、把顎關節調好以後，再來找他調整身體，這才能真正改善問題。

從小就放任牙齒長歪歪的我，完全沒想到後續影響這麼嚴重。在醫師分析完狀況之後，我很乖地把醫生的話，原封不動回去轉述給阿桃聽。他聽完竟比我更擔心，還說：「以後妳如果懷孕，牙齒會變得更不好，而且上了年紀再治療可能會更辛苦。」阿桃將身上最後一筆存款拿出來，以行動表示支持我去整牙。

只是桃媽知道後，一開始不太諒解，因為剛好碰到籌錢辦婚禮的時刻，所以一直說服阿桃不要太快下決定，擔心我們之後生活太辛苦。阿桃也因這事跟她談了許久，不管如何就是堅持要我去矯正。

那段日子，是我最掙扎不安的時期，卻也是往後讓我想要幫忙賺錢養家的最大動力。

從確定要進行矯正之後，我們找了很多家醫院。許多醫生因為害怕我一個外國人付不起這麼大一筆錢，通常直接拒絕，或是不打算繼續深談，給了張廣告單就這麼打發我們離開。

就在快要放棄的時候，在我們家附近，居然新開了一家牙齒矯正醫院。因為阿桃要上班，一開始是我自己去詢問，在出發之前早有了心理準備，可能又會被當成詭異的外國人。可是才開口說完我的狀況，醫生居然回答：「可以啊，當然歡迎。」沒想到這位醫生就這麼輕鬆答應，而且態度非常和善親切。只是，狂喜的心情沒維持多久，知道了矯正所需要的鉅額費用後，讓我再度萌生放棄的念頭。但是阿桃卻至始至終都堅持著，甚至還硬著頭皮去懇求醫生，讓我們分期付款，拜託他一定要幫我把牙齒跟下顎的問題給治療好。

我懂他對我的心疼，但我更心疼他那筆辛苦存下來的頭期款，以及接下來要負擔的分期付款呀！我們經歷無數次溝通，在他的一句：「我希望妳一直好好的，不論是下顎或是身體狀況。因為這個家很需要妳，將來的寶包需要妳，我……也需要妳。」當下，我含著眼淚被這些話給說服。

很感謝他願意為了我付出一切，但在日本矯正牙齒，尤其依照我的狀況，前後得花費將近日幣一百萬。在拿著他的卡，刷下三十萬日幣的那個瞬間，我的心抽了好痛好痛的一下，況且這還只是頭期款。阿桃跟我說：「我沒辦法給妳什麼，但至少可以讓妳健康一點，就算這條路要走得很辛苦，我們一起走。」

雖然阿桃的求婚功力得再多多加強，但他笨拙憨厚的暖男舉止，讓我經常保持眼眶泛紅狀態。接受了他的用心，我不會辜負他，會努力戰勝疼痛，堅持撐過矯正的這段時間！

矯正日記一：與矯正器共處

二〇一五年四月二十一日，是我矯正治療的第一天。中午時分，終於裝好矯正器（牙套）。嘴裡那不習慣的感覺無法言喻，感覺有好多東西在口中，變得很熱鬧。

雖然牙齒表面看不太出問題，但諮詢過後發現內部及後部問題很多，所以醫生說得按部就班一個一個來。第一步驟就是裝了下排牙齒的矯正器（只剩中間四顆沒帶）。日本醫師幫我戴的矯正器是後方銀色、前方透明的款式。等大約半年之後，得開始拔牙，好戴上全口矯正器。

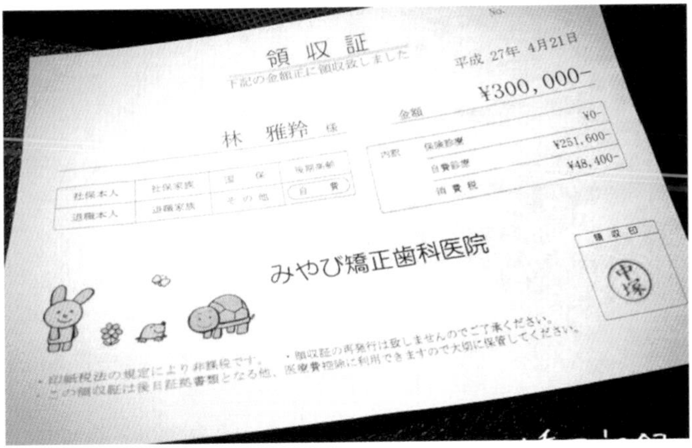

彷彿又聽見心痛的聲音。

我會勇敢，只為隨時可以當媽媽

「終於裝上排牙套了！」我暗自為自己歡呼。週一剛拔掉數顆牙齒，週五就請矯正醫師幫我裝上排牙套。其實醫師有點擔心，因為之前的傷口還沒完全復原，他怕這樣對我的負擔會太大。只是我會這麼心急，其實是有原因的。

在做矯正治療之前，醫師跟我提到，如果有懷孕的打算，最好是等到兩顆智齒與兩顆臼齒都拔除，上下矯正器都裝好，讓身體適應後，再準備懷孕比較好。而在裝矯正器之前，我跟阿桃有一段時間很認真「做人」，卻屢屢失望。

我真的很怕痛也怕血，在努力熬過拔除四顆大牙齒，努力忍住傷口的痛與戴上矯正器的酸麻，都是為了早點讓自己適應後，身體能更快恢復到隨時能歡迎寶包降臨的完美狀態。（我為了這點拚了）

雖是這樣說，但我知道，寶包會自己選擇誕生的家庭，阿桃要我不強求，一切順其自然，隨緣就好。我能努力的，就是把自己的身體健康狀況維持好。

阿桃牙齒很整齊而且從沒蛀牙過，
連牙醫都說羨慕他（瞪）。

矯正日記二：疼痛地獄

二〇一五年八月五日，這是個有血有淚的夜晚，矯正牙齒真的好辛苦。沒想到在短短兩個月內，連續拔掉四顆健康的牙齒，會導致講話「漏風」兼流口水。

為了拔掉那兩顆元氣滿滿的臼齒，醫生幫我施打麻醉整張左臉的劑量，好讓我感受不到可怕的疼痛，但看他拿著大鑷子在我口中不停轉動時，還是讓我緊張到差點從椅子上滑了下來。（阿桃在一旁看得哇哇大叫，到底是在拔誰的牙？）

回到家之後，麻醉慢慢退了，就是疼痛地獄的開始。超級超級超級怕血的我，深深地感受到那鹹腥的味道，儘管咬著紗布，但那像泉水般湧出的血液，一照到鏡子，就腿軟到站不起來。這時候就會覺得身邊這位「枕邊人」真的很重要。阿桃雖然自己也怕血怕得要命，但此時的他正清理著我的傷口，定時幫我更換紗布，甚至還拿出他專用的手帕幫我擦臉，真的非常英勇。（我整張臉已分不清是血是淚）

原來夫妻，就是在對方腿軟站不起來時，會不加思索立刻伸出雙手拉住對方。（雖然吵架時就會很想伸出雙手推對方兩把）

單親矯正醫師好爸爸

記得第二次去矯正醫院報到時，剛好阿雲來日本看我，她就這樣陪同我去醫院看診，醫生也是一副很鎮定的樣子。（事後才知道，原來當時他很驚訝，還想說怎麼連媽媽都帶來了，眼前兩個外國人，一直講中文，他緊張得都快昏倒了……）

我是這家醫院開幕後的前三個客人之一，會特別提起這位矯正醫師，是因為他的人生故事——一個堅強的單親爸爸，本來在東京當醫生，妻子因病過世之後，留下兩個小男孩。他曾經因為妻子的離去而一蹶不振，後來想起她在臨終前說過：**「你一定要用你的技術，讓更多人可以笑得更開心。」**為了讓自己不再沉浸於睹物思人的感傷環境，他離開大都市，來到水島展開新生活，重新振作起來。

這間醫院的外觀，裝潢得像可愛的小兒科，上面有手繪的烏龜、兔子，醫生說：「那些動物都是有故事的，一個是我，一個是我妻子，兩個是我的孩子……」其實醫師後面說什麼我也沒有聽清楚，因為我已經整個人感動得哭到不行了。（醫師娘不是交代你要讓人笑得更開心的嗎？）

就像是注定好的緣分，他帶著妻子的心願來到倉敷開業的同時，我們剛好被許多醫院拒絕到想放棄治療，就這麼碰巧地展開這段友誼。醫生說：「我會帶著妻子的理念，好好活著。我們還活著的人要努力活著，這才是一切。」我很感謝是被這麼有愛的醫生醫治。

此外，治療費用與矯正期間長短是因人而異，原本醫生估計我需要三年時間矯正，最後大約不到一年半就完成療程，重點是，本來矯正牙齒的費用必須一次付清，但我跟阿桃當時都口袋空空，還厚臉皮去拜託他讓我們分期。其實醫生當時也才剛開業，正需要用錢，但他還是答應我們了，並且仔細叮嚀，先矯正下排牙齒，就只要付下排牙齒的費用，等到有錢再來矯正上排牙齒，叫我們一步一步來，不要有壓力。

阿桃也很努力，大約半年後，就把錢繳清了。我們的矯正收費方式是這樣，分期兩次共繳了七十多萬元的矯正費，之後每個月一到二次的回診，都要再付三千五到五千元左右，前前後後大約繳付了日幣近一百萬元。（每家醫院收費都會因客人牙齒狀況及各院方式而有所不同喔！）

變身為醫師間的傳書飛鴿

矯正期間，覺得有趣的一件事是，醫生之間的溝通方式。

在日本矯正期間，我的矯正醫師跟牙科醫師是不同人也不同醫院。

奇妙的是，兩邊的醫師堅持不以互通電話的方式來溝通我牙齒的治療方針。

可愛的醫院。
院名：みやび矯正歯科医院
地址：岡山県倉敷市中畝9丁目5-13
電話：086-486-1182
HP: http://www.miyabi-clinic.com

搬家前與矯正醫師道別的合照。

只是，不講電話要怎麼溝通？他們寫信，而且還是親手寫信，也就是矯正醫師會提筆寫下：「林雅羚小姐的第幾顆牙齒要拔……。（簽名）」然後把信交給我，讓我下次去看牙科的時候，再親自交給牙醫師。牙醫師讀了信、做了處置，如果有需要讓矯正醫師知道的事情，就再手寫信，由我轉交。

雖然不懂他們究竟為何要這樣，但擔任他們之間傳遞訊息的飛鴿，也是我矯正期間的樂趣之一。

可愛的家庭牙醫夫妻

牙醫師與他的妻子兩人，也是我跟阿桃很喜歡的兩位朋友。

每年的洗牙或定期牙齒檢查，我們一定會到這家醫院來。與他們的第一次碰面也挺印象深刻，牙醫師總是板著一張酷酷的臉，說著很好笑的事，然後趁患者在哈哈笑時，輕鬆地拔掉牙齒，讓人忽略恐懼與疼痛。

漸漸熟悉了彼此之後，我們更是無話不談，後來他們生了小孩，我們聊天的尺度更為開放。在沒其他客人的時候，他們還常常指著自己的孩子冷冷地說，小

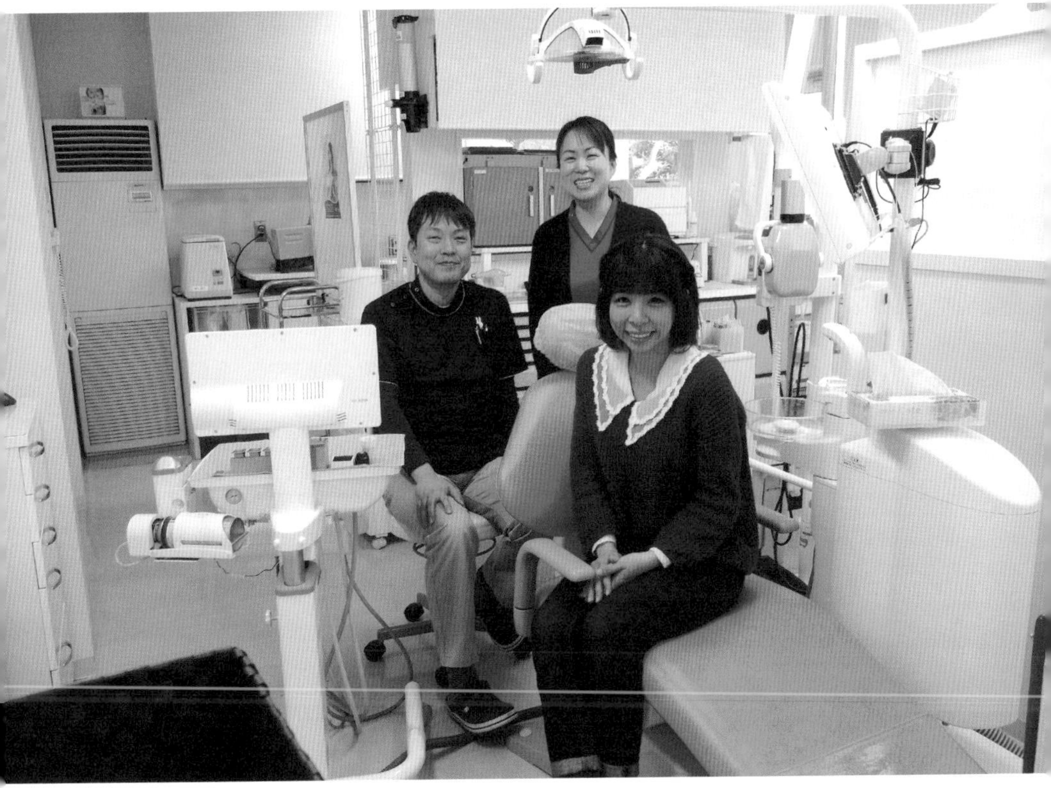

可愛的牙醫師夫婦。

院名：かどの歯科医院

地址：岡山県倉敷市連島町西之浦583-2

電話：086-446-0071

HP: http://kadono-dental.a.la9.jp

孩真的很調皮，生小孩的壞處有這些那些……等等，用冷靜的表情講可怕的話來嚇唬我跟阿桃。

感謝有他們互相協力的幫忙，為我的牙齒矯正回憶增添了不凡的多彩光華。

矯正日記三：從矯正畢業

二〇一六年七月四日，終於矯正完成！

原本矯正療程預計要兩到三年，結果才過了一年三個月，比醫生預期的進度還要快，突然沒了矯正器的嘴裡感覺好孤單。看到以前的臉好懷念（講得好像去整型一樣）。

阿桃的愛情表現

既然阿桃是一個連求婚戒指都會拿顛倒的人，我也不奢求他能有什麼浪漫舉動。就像第一次約會的最後，他刻意找到電腦打字，只為了問我「今天玩得開不開心」。

他的愛總是沒辦法講出口。

他的愛情通常都隱藏在為我緊張、替我擔心的情緒裡。

例如我因為工作得去搭飛機，從家到車站的距離又很遠，轉搭非常麻煩，但阿桃就算再累都堅持要開車載我到車站。可是後期出門工作次數愈來愈頻繁，因為不想讓他太累，我都自己前往。這天也一如往常，清晨四點起來幫阿桃做早餐與便當，因為下雨，所以急忙開車送他去公司上班。回到家準備好行李，要出發往機場前，看到桌上……

阿桃不知道什麼時候偷偷放了一個麵包跟檸檬碳酸水（他搶到特價麵包），還有三萬日幣跟一張字醜醜的紙條。

紙條裡面沒有甜言蜜語，只有註明轉搭車的時間，以及再三叮嚀我八點半以前一定得出門。這些話他昨晚睡前就講過好多次了。

原以為老夫老妻分開一段時間，不必再上演十八相送的戲碼，卻不知道為什麼，看到他放在桌上的這些東西與囉嗦的紙條，我的心暖暖的。

謝謝囉嗦又貼心的日本丈夫。

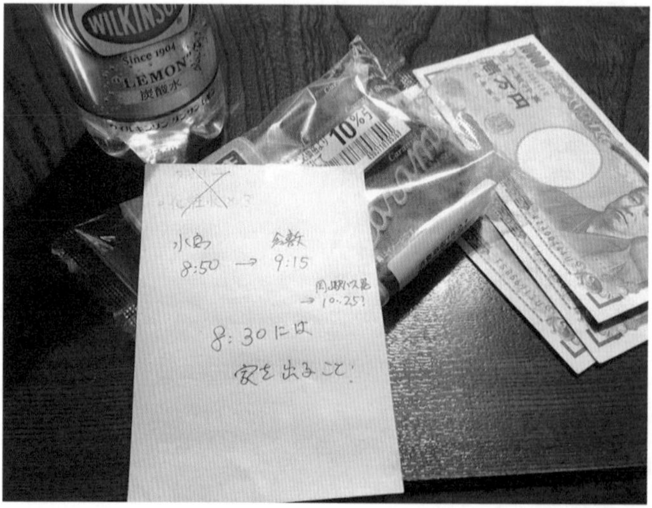

字條上沒有一句想妳，可是我能讀出來。

嘴角上揚的生日禮物

大學時，我們有次吵架吵得很嚴重，但那時我日文程度不夠好，也忘了到底為什麼事情爭執，只記得最後我離家出走到朋友家暫住。

冷戰了一個禮拜，在和好那天，阿桃跑去買一束花，送到眼前才發現那是康乃馨。哪有人吵架和好是送康乃馨？但阿桃根本粗線條，我提醒他這是送媽媽的花耶！他回說：「這沒有關係，都是花，都一樣。」（馬上暈倒在地……）

以為脫線送花事件就這樣結束，沒想到多年後，我們復合再度交往時，那年的情人節，他還是送來康乃馨。我已經哭笑不得，並裝作有點生氣地問他為什麼又是康乃馨？他一副理直氣壯地說：「以前大學時妳不是最喜歡康乃馨？」（這位先生到底神經有多粗）

直到嫁來日本成為人妻之後，發現**節日這種事，早在每天忙碌的日子當中變得不容易記得了**。

我的生日是婚後遇到的第一個節日，這天早已說好要省下到餐廳慶祝的錢，改成在家溫馨小聚就好。阿桃下班準時出現在家裡，氣喘吁吁地從身後拿出一盒蛋糕與一袋盆栽。看得出他騎腳踏車飆得很快，因為盆栽的沙子都灑出來了。等一下，這次竟然是直接送我一盆花！

他說因為這盆花長得很像蠟燭，配合慶生剛剛好。

我知道，阿桃的貼心體質先天不足，但是一天天過去，我能漸漸感受到他的努力與進步。雖然買的是他自己最愛的草莓蛋糕，三個就被他吃掉兩個，但這個生日卻讓我好開心。

第一次看到送禮方式是單手獻花，而且還捏著提袋子。

結婚周年禮

登記結婚滿一年時，為了慶祝這個紀念日，我跟阿桃各付一半，送給彼此一個大禮：超大超深的沙發。

這麼多年來我們都覺得，反正有暖桌跟和室椅就夠用了。直到某次出門，看到一位孕婦肚子很大很大，感覺行動很辛苦。想起我家的暖桌比一般高度低很多，起身時很容易撞到桌子，阿桃就說，之後我懷孕時，挺著一顆大肚子，要坐進暖桌裡太危險（只是我的肚子一樣遲遲沒消息，阿桃擔心得似乎有點太早）。於是我們兩個大屁股，只要有空就去各個傢俱中心試坐，終於在這幾天讓我們與真命沙發相遇了。

因為它有很高的背靠墊，讓頭可以舒服地枕靠著，脖子才不至於久坐發疼。椅墊又寬又深，這樣以後寶包在上面才不會容易摔下來。我想，我們倆一定都會超喜歡這個結婚周年禮物的，因為兩顆屁股已經黏在上面離不開了。

其實我們原本訂的是淺褐色，結果廠商他們送錯成綠色。但因為搬貨來的是兩個年紀很大的歐吉桑，阿桃就說不用退換了，要是再讓他們多搬一趟，實在太辛苦了。於是就將錯就錯，當作是歐吉桑們給我們的驚喜，也意外發現，綠色其實蠻時尚的。

原本是想保持沙發的原樣，但是阿桃每次吃飯一定會「帶便當」，黏得臉頰都是米粒，或是衣服上會有很多食物碎屑。更扯的是，我曾經從他衣服上看到一顆乾硬到不行的米粒，因為太乾，整個附著在衣服上拔不起來……

所以我利用布置家裡剩下的碎花布，幫沙發做了一件新衣服。阿桃知道自己是罪魁禍首，前一晚很識相地乖乖幫忙剪布，然後交給我車縫。（下次要給阿桃車一件圍兜兜比較實在！）

沙發的新衣。

夫妻間專屬的羈絆與牽掛

可能是生理期快來，某次胸部脹痛得厲害，只是這回痛得比以往嚴重，早上連幫阿桃整理公事包都無力，我的不舒服他都看在眼裡，出門前也對我顯露出擔心的眼神。

中午時剛好有事打電話給他，但他太忙而沒接到，我也就自己想辦法解決了。沒想到傍晚才剛洗完澡，浴室門就被猛力拉開，阿桃邊喘著氣邊緊緊抱住我問：「妳沒事吧？」我只是一臉驚慌邊冷到發抖地回他：「你怎麼了？」結果他說：「我剛剛才看到未接來電，打給妳也沒接，我擔心妳是不是痛得太不舒服而發生意外。只是好擔心，所以工作還沒做完我就先衝回來，對不起我不在你身邊……」

頓時，我不冷也不抖了，只是緊緊回抱著他，告訴他我很好沒事的。之後他微笑地說：「這禮拜六我不加班，陪妳去看醫生做檢查。」就又快速趕著騎腳踏車回公司。

看著他這麼晚又出門繼續去加班的背影，我呆坐在樓梯不知過了多久，等回神後發現自己早已紅了眼眶。

一直以來，以為都是自己在照顧著像個大孩子的他，此刻才知道，是這個大孩子一直用他的方式在守護、呵護著我。雖然是一場誤會，但卻讓我又更體會到，什麼是夫妻之間的那份羈絆與牽掛。

擦乾眼淚後，當晚用一顆超大草莓大福當飯後增胖點心來報答他。

阿桃式的愛：蔬菜蛋蛋粥

某次重感冒，不小心在客廳暈倒，把阿桃嚇得又急又慌，婚後極少下廚的他，貼心煮了蔬菜蛋蛋粥，又為我想到喉嚨痛無法吞食物，就把蔬菜都打碎成汁再下鍋煮。雖然生病時無法吃到媽媽的味道，但老公的手藝還是讓人感動。

那次他很識相，煮好沒有偷吃，自己乖乖吃完便當後就又趕去上班了。那個急急忙忙騎著腳踏車出門的背影，雖然婚後急速增胖，肉肉的剛好可以賣個好價錢，但在我心中，是非賣品。

阿桃煮的蔬菜蛋蛋粥，請忽略他的龍貓肚子，畢竟這時他是英雄。

幸福就是有一個人陪你無聊，難得的是，兩個在一起就不覺得無聊。
我想身邊有這位先生淨做這些無聊事，我的生命應該也不無聊了。

感謝有你作伴

某天晚上，阿桃下班帶著一張累慘的臉，雖然他表面微笑故作輕鬆地聊天，但我知道他是不想讓我擔心。

放了熱水讓他泡澡放鬆，卻不小心聽到浴室裡傳來重重的嘆息聲。一出浴室就又嘻嘻哈哈裝作沒事跟我鬧著玩。笑呀鬧著，瞬間他抱住我，頭依靠在我的肩上，沉默很久都沒有說話。之後我們坐著，聽他說著工作上的大麻煩與挫折，漸漸地，他累到沉沉睡去。

也許，能為他做的，就是靜靜聽著他說，在身邊陪伴著他。就像是每次我遇到挫折時，他那樣的陪伴著我。幫他蓋上被子，摸摸他的頭，希望他能有個放鬆的好夢。

生活，好像就是這麼平凡。平凡中，互相陪伴。

想起日常相處小事也很感動。有次阿桃累了先去房間睡，我在客廳看電視看到何時睡著的自己都不知道。（這是初老症狀嗎？）驚醒時已經半夜，發現自己在移動，才發現是阿桃抱著我，走在回房間的路上。

阿桃大學時代打工的地方，2014 年我們回去探望老闆並在店裡拍攝紀念。（攝影／梨寶）

客廳回房間的距離也不過幾公尺，但他碎唸了整路，還露出很吃力的猙獰大餅臉。（我是有多重？）他喃喃唸著：「都快三十歲了竟然還在客廳睡著，感冒不是一直好不了嗎？要不是我起來上廁所看到，這樣又著涼的話更不會好了啊！」（以下省略一千五百字，很想給他按靜音）

碎念完，一邊把我輕輕放到床上，又為我蓋好毛毯。之後，回到他的位置躺好，不到三秒，繼續打呼大睡。老夫老妻模式，我想就是這樣吧。

小小的甜，才能長久不膩；刺耳的唸，只因替對方擔心。即使他的碎念有那麼一點吵，生疏的公主抱動作讓我差點閃到腰，但醒來發現對方不在身邊，有點小慌張的他，囉嗦卻可愛。平凡簡單小動作，再次確信了，有伴，真好。

就像照片中，矮不隆咚的他，親不到的矬樣與笑到嘴裂開的我的醜樣，平凡的開心，卻是不平凡的回憶。

練習當媽媽

還沒中午，正在家裡打掃得滿頭大汗的我，接到了阿桃的電話。電話那頭，有氣無力的聲音說著，要我馬上去公司接他。回想起今早他的確喊著身體不舒服，早餐也只吃了一些納豆跟味噌湯，實在太反常。

一上車，才發現他滿臉通紅，身體不停地冒冷汗，摸了額頭才知道原來發燒了。於是毫不猶豫地直奔醫院，而阿桃躺在後座，不時地冒出小小的痛苦呻吟聲，讓人好心疼。開車在一般道路上，我竟然踩油門到時速快九十也不覺得害怕，只希望快點到醫院。（但還是有注意安全）

到了醫院看到醫生，有如看到神，掛號、陪診、拿藥、批價等，那些對我而言陌生的事，都因為擔心，而完全忘了緊張害怕。

（攝影／梨寶）

好不容易看完醫生，卻因為阿桃有事得到另一個市區處理，於是我又再度開了來回快三小時的車。途中，他乖乖地在車上吃著今早為他準備的便當，吃藥之後就繼續在後座躺著。看著他那好不容易睡著的臉，我整個人才放鬆下來。

沒想到在回家途中，他吵著說因為生病，得吃點有營養的東西。問他想吃些什麼，他想也不想地直接回我：「蛋糕。」我大概是被他生病的樣子嚇壞了，竟然寵溺他到真的去買了蛋糕回來，幸好還記得買自己的那一份。

之後又到超市買菜、趕著煮晚飯……等等，全部完成後，到房間去叫阿桃時，看他把自己密密包裹在棉被裡深沉睡著的表情，應該是身體恢復不少。（晚餐後都還記得吵著要吃蛋糕，應該康復了吧！）

這是阿桃進公司近四年來的第一次請假，真是嚇壞了我這外國太太。不過，冷靜下來想想，這也是一次讓我提早體驗當媽媽的機會，將來孩子在學校如果發生類似的事，我都還要感謝阿桃的用心呢。

期待寶包降臨

聽人家說，懷孕期間盡量不要感冒，才不會對胎兒造成影響。話雖這樣說，但在每月的生理期來拜訪時，總還是會小小失望三秒。

在某次生病，喉嚨劇痛，發燒頭痛，身體極不舒服的同時，心裡卻有一瞬間感到安心——感謝老天爺安排，讓我現在肚子裡沒有寶包。這樣說也許很怪，但當下心裡真的只想著，如果要感冒生病，而且是如此不舒服，那寧可趁還沒有寶包降臨時，這些難受都讓我一個人承受就好，真的。

我們相信寶包會選擇最適合他的時機出現，把這一切交給他，即使那段時間我真的很期待寶包出現，但總是這樣對自己說著。

因為愛，而開始料理

自從大學時期開始交往後，阿桃只要沒課就去打工，甚至一天打三份工，後來我知道，他會如此拚命，是因為想到我到日本留學期間都只在岡山活動，沒有去大城市觀光有點可惜，所以想賺一筆錢，可以在我留學結束前，帶我一起四處去看看。結果一整天下來，看他工作那麼累，不會料理的我，憑著電視看過的印象，捏了兩顆飯糰放保鮮盒，給他帶去打工。

記得那天他回來時已經很晚，卻站在我面前輕聲地說：「這輩子除了媽媽之外，沒有人為我做過飯……」之後趴在我腿上啜泣了起來。

那兩顆飯糰，他完整地帶回來，在啜泣後跑出門外，一個人吃完才又進來。那時覺得就只是兩個簡單飯糰，竟能讓他如此感動，表示這個人的心，應該是很純淨的，也讓我開始有了想學料理的念頭。

直到結婚前的打工度假時期，他玩笑的一句「在日本，不會料理是不能結婚的」，讓我當真。因從小家裡做生意比較忙的緣故，一直以來都仰賴外食居多，來日本時發現自己竟然連洗米都不會，還是靠阿桃慢慢教導。翻遍了食譜才發現，某些料理的日文用詞不是那麼容易，讓我每天都過得很充實。

只是，生活當中依舊很想念台灣的家，身邊也沒有朋友可以說說話，為了想幫助家計卻連續面試失敗，感到挫折不已，阿桃為了轉移我的注意力而說了一句：「今天的便當好孤單喔，試做卡通便當吧。」還是社會菜鳥的他，意外地因為卡通便當而在公司獲得好人緣，讓當時在生活經濟上無法幫忙的我覺得，總算是為這個家盡了一點力。

就算睡前一直思索著隔天的便當角色與備料而睡不好，我還是堅持每天清晨四點多起來動工。當時我們還住在只有一間房間的套房，為了怕驚動到睡夢中的阿桃，我只能在廚房裡點一盞小檯燈，靠微弱的光線剪海苔，輕手輕腳地製作當天的便當料理。

便當內的菜色也許不是非常美味，但對我來說，便當就是跟阿桃溝通的橋

剛下班的阿桃，煮了親子丼跟味噌湯，一臉得意。

樑，透過這小小的盒子，暗示著我想給阿桃的訊息，也傳達了我們對彼此的依賴與關懷。

許多人問我，日本男人帶卡通便當去公司會不會被取笑？整個日本的情況如何我不敢斷言，但是單以我們家來看，反而是能幫助阿桃與其他歐巴桑同事們的人際關係。甚至歐巴桑們到了中午時間，都會準時拿出手機在阿桃旁邊準備拍照，阿桃前輩也曾經拿自己便當說要跟他交換，讓他覺得很開心。

後期因為我也得四處工作，無法每天做造型便當給阿桃，只能替他準備一般便當。但阿桃不管是哪種便當，只要是食物，通通都可以吞下肚。而婚後就與廚房變得很陌生的他，看到我工作很勞累時，也貼心幫忙料理餐點，漸漸地，廚房開始出現他的身影。

誤打誤撞地走出便當之路，不知不覺做了將近數百個卡通便當，每個便當阿桃都吃光光，導致身材再也回不去……這算是職業傷害的一種嗎？

交往前的阿桃從六十公斤，遽增到婚後的七十公斤！到底這十公斤的肥肉是從哪裡來的？

已經是個小矮人的他，再這樣下去怎麼得了呀，還我當年的木村拓哉！

© Mrs. UEDA :)
瘦不了阿桃。
身高～165未満（小聲）
体重
67.1
肥滿気味
瞎毀!!
安啦～
ドンマイ
Don't mind!
婚前の帥勾桃
曾経是美男啊～
立体造型
日系眉毛
偏瘦小臉
老公～～這一定要娶回来當
個性皮衣
個性軍褲
帥気筒靴
胎
婚後才発現一切都是詐騙....
ZZZ

上田太太手繪。

手作日本柚子果醬

阿桃公司的歐巴桑，給了我們三顆柚子。隔天我把它們做成果醬，再叫阿桃拿去報答她。這果醬不只是可以塗麵包，天氣冷還可以泡成熱熱的柚子茶哦。歐巴桑收到果醬後，還特地傳 LINE 來道謝，讓我好開心。

日本的柚子跟我們台灣中秋節吃的文旦不太一樣，而是模樣長得像柳橙，也有種很特別的香氣，我跟阿桃都很喜歡。日本人也常把柚子皮曬乾，做成各種甜點或料理。

愛不是名詞，是動詞

晚上十點多我在洗碗時，阿桃跑來我旁邊問說他可不可以先睡？我還來不及說好，就聽到他的打呼聲了。等我全部整理完已經十一點多，回房間看到他躺在靠往我的方向而且睡得很熟。我也躺好時，發現他的右手伸過來示意要我牽。牽著他的手，看著他熟睡的臉，回想起了很多事。

在這之前，我曾以為所謂的愛，就是只要用力地愛、盡力地愛，成為對方認為最好的，希望對方變成自己認為最好的，但總是累了對方，也苦了自己。

對自己不夠好的人，就無法去了解對方所需要的是什麼，因為連自己本身都不知道自己真正的需要。不夠疼惜自己、好好傾聽自己心裡的聲音，又怎麼能知道是否已將自己打理到最佳狀態，隨時能付出愛人的能力？

（攝影／梨寶）

難怪有人說，愛情就像跳舞，你一前，我就一後，一起左，一起右，才能完整一支舞，而那默契卻是要時間去累積得來的。

兩個人的愛情裡，除了喜怒哀樂、轟轟烈烈之外，有趣的是，可以一起去體驗品嚐平凡無奇，以及不需言語的默契。

我還不夠好，總還是動不動就耍任性，但努力改變學習，多善待自己，以隨時準備好能夠支持對方的自己，去面對這位共度一生的伴侶，努力學著愛自己，以及對於得到的一切都好好珍惜。

常在想，如果前世要回眸五百次，才可以換到今生一次的擦肩而過，那我們要相遇相知相惜，是得累積多少次的回眸（脖子都快扭到了）。所以，感謝對方為彼此作伴的每一天。

雖然我們相處起來像一般老夫老妻，但生活上的幸福小點滴，有時是碰巧迸發，有時是特意製造出來的。因為偶爾三三八八，可以讓兩個人都笑得開心，也是種樂趣。愛不是名詞，是動詞，因為要一起經營，才會完整。

第3話

胎胎不上班的時候

第一次覺得自己好帥，
讓我來保護阿桃，保護家人吧！
穿上劍道的衣服，第一次的薙刀初體驗，
讓我回想到阿桃以前是劍道部的高手，
今天練習一個多小時學了一些技巧，
不然以後吵架時就用這個來一決勝負好了！

新娘訓練班

跟阿桃再度交往，辛苦說服阿雲（我媽）讓我來日本新娘修業的那一年，練習當人妻的生活，其實也頗新鮮。漸漸地，家事上手之後，利用空閒時間，透過網路分享日本的生活，加上自己喜歡日本古著，也因此結交到一群在台灣的古著同好。

「上田太太愛古著也愛桃太郎」的粉絲專頁就這樣成立了，一開始粉絲人數大約一、兩千人，其中有幾百人都是朋友（哈），但每則貼文，我都盡可能地回覆。除了因為阿桃整天都不在家，我可以抒發一下思鄉情懷，加上古著販賣分享，多多少少能賺取一些費用來貼補家計。

網友粉絲雖然都沒見過面，但每天的對話及溫暖鼓勵，一直都是我心靈很大的慰藉。

古著的生意一直都很不錯，也因為是我的興趣，所以從來沒有間斷過，但當時身邊的積蓄實在少得可憐，連要再去找貨都是問題，不想因為這樣拿阿桃的辛苦錢來造成他額外的負擔，我開始四處去找工作面試。

什麼是打工度假簽證？抱歉，沒聽過

雖說我們住在倉敷，但其實阿桃當時的公司，是位於倉敷市靠海的水島工業區，最知名的三菱汽車的工廠也在這裡，附近也都是鋼鐵及化學工廠居多，離倉敷市最有名的美觀地區還有一大段距離。

水島不算是個大都市，移動都要依賴開車，換了國際駕照之後，阿桃也很有耐心地教我很多日本駕駛的規矩。台日車道、駕駛座、方向盤、雨刷等都是左右相反的，為了要讓我能自己開車行動，就算他下班回來很晚了，還是堅持要我開車練習，而他也不喊累的從頭到尾跟隨。

就這樣過了三個禮拜，才終於聽見他說：「好，接下來就都靠妳自己了，好好去找工作，做妳想做的吧！」

在台灣時一直覺得找工作不難，因為總覺得只要不挑，能賺錢就好。但是在日本完全不是那麼容易。（以下純屬個人經歷分享，日本各地情況及個人因素都有所不同唷！）

回想起多年前留學時，自己的日文程度真的不好，所以能理解為何找不到工作，只是沒想到，多年後的今天，即使語言沒問題，怎麼卻依舊無法順利找到工作呢？

拿著應徵廣告一家家打電話詢問，因為水島不是那麼都心的城市，居民的年齡層也都比較偏高，對於打工度假簽證一事，不是那麼了解，少數店家甚至對我說：「那是什麼簽證？感覺不太安全。」看我是外國人，就先排外而拒絕。

印象很深刻又讓人無言的還有，某次打電話給一家印刷工廠，自我介紹自己的名字叫「林雅羚」，對方一聽到是外國人的名字，但又能說日文，就覺得很有趣，要我去面試。

當天非常炎熱，開了將近一個小時的車程終於抵達，看到其他一樣都是來面試的二度就業媽媽們，每一位都搶著要這得來不易的工作機會。最後輪到我面談時，老闆對找我來面試的歐吉桑說：「你為什麼要找一個外國人來？」歐吉桑聳聳肩一副不在意地說：「因為她在電話裡講話感覺蠻有趣的，所以想叫來看一下本人長什麼樣子。」

當下聽到這段話，我終於明白了，什麼是真心換絕情的感受。

不過我不氣餒，過幾天，再去一家復古咖啡店應徵，老店長從一見面便對我訴說以前台灣跟日本的戰爭故事，將近一個多小時後，我問：「履歷表可以給您了嗎？」沒想到他瞬間變了張臉，冷冷地說：「是因為在電話裡聽見妳來自台灣，我才叫妳來店裡，跟妳講這些歷史耶！早知道就不要浪費我的時間。」被他這麼一說，即使心裡不甘，我依舊笑臉向他道謝，迅速離開，回到車裡，累積了那陣子以來的所有委屈讓我大聲哭了出來。

現在想來，這些不可思議的體驗，是很珍貴的。

只是當下真的很難過，總覺得自己是不是很沒用？每天責備自己，卻又不想讓愛我的家人擔心，這時候才了解，艱苦都往肚裡吞的滋味。

自尊要不要

「自尊是最不必要的奢侈品」，桃爸曾對阿桃說。

這是很以前的事了。那時候阿桃進公司第二年，嫁給他後，我才知道，在比較傳統的日本企業文化裡，前輩對待後輩不是用著將心比心的態度，反而認為：「我就是這麼辛苦爬上來，所以你得走我曾經走過的路，吃過的苦。」（並不是所有日本公司都是如此，這邊只是阿桃的經驗分享喔。）

阿桃剛出社會那年，第一次參加公司酒會，因為前年他們的前輩被丟到游泳池，而這次輪到阿桃要被整。為了娛樂公司裡的大家，他與另一位年輕的前輩一起被丟到泳池。

看到他們落魄下水的那一幕，大家笑得開心，是整場活動的高潮，卻沒人知道，在寒冷的冬天裡，當晚他們兩個人是穿著塑膠垃圾袋走回家的。

來到了第二年，公司沒有新人進來，阿桃依舊是菜鳥身分，年底的忘年會，便要他在大家面前表演，且還得逗笑每個人，讓他更是害怕。

因為當時「船梨精」很紅，船梨精是山梨縣的吉祥物人偶，外表像個梨子，動作誇張卻非常討喜，阿桃便選定這個角色。

我陪他去買可以裝扮成船梨精的道具，又花了很多時間，一起將眼睛、鼻子、嘴巴製作出來。

忘年會的前一晚，在廚房變裝完的阿桃，一進到房間拉起第一層外衣，整個肚皮變成一張臉。

自尊心很強、有點大男人主義、做事要求完美的他，此刻卻換上縫上五官的便宜上衣，女生的豹紋尾巴棉褲，奮力鼓起肚皮，用毛衣蓋上整張臉裝笑賣弄模仿練習，只為了那場對我這外國人來講根本無意義也無法理解的忘年會表演。看著這有點可憐的真人版船梨精，讓我心酸得笑不太出來。

阿桃苦笑說：「演這個沒什麼啦！忍一下就過去啦。爸爸說過，自尊是最不必要的奢侈品，所以妳笑一個吧！」身為外國太太的我，想試著體會他的感受，

卻又莫名感傷。

曾經我怒吼日本社會，如今我們感謝這一切

被丟到泳池裡到底有什麼樂趣？日本文化為什麼這樣？當時我一個外國人看來總是不明白，只認為不公平也為阿桃感到委屈。如今結婚第二年了，日本的生活也成為我的大部分，阿桃跟我也都有所成長。

這篇當初邊打邊擦眼淚的文章，現在看來都是成長的過程。我感謝這個國家、這個文化，讓我跟阿桃能夠更加認識彼此，也更懂得珍惜。用此篇文章，記錄當初的感動，以及那份得來不易的「相扶相持」。

我在心裡告訴自己：**「直視自己的畏懼，擦乾自己的淚水，每天醒來都要比前一天更強大。」**

誤打誤撞的便當之路

為阿桃製作卡通便當，即使早起備料很辛苦，但想到能讓他在公司有著愈來愈好的人緣，就是我努力的動力。

將每天完成的便當照片，放到網路上分享，網友們熱情的留言，更是溫暖了我的心。

就這樣持續了一段時間，不知不覺地透過網路，竟然有一群人，每天都會來關注，給我們鼓勵，為我們打氣。

也幸運地開始有了專欄邀約，而最出乎意料之外的，就是榮幸出版了一本便當書《上田太太便當的甜蜜》，來與更多人分享。

那段時期，其實自己心裡很掙扎，很想繼續古著分享，但現階段還得為家計打拚，只能努力讓自己成為有能力幫助別人的人，等到將來不必像現在為生活如此操心時，再來慢慢實現自己的古著之夢。

跟阿桃討論過後，我們決定將粉絲專頁更名為「上田太太 上甜生活」，畢竟不再是個人單純的日記分享，而是希望可以透過更多日常生活感受，來傳遞溫暖給大家。

來自台灣的杉木便當盒

一大早收到馬克媽媽跟小馬克來日本時，母子兩人親手做的杉木便當盒，是我超想買的圓型耶！可是因為很貴只好放棄，卻沒想到他們實現了我的心願。

按捺不住心中的感動，直接做了馬克媽媽畫的Q版馬克一家人的便當，當作是自己微不足道的報答！（這個圓形便當盒，如今我們還在使用喔！）

雙手萬能，裁縫無敵

大學時期曾在台灣的婚紗店打工，那時擔任禮服祕書，因此學到了一點點裁縫的技巧，自己也很喜歡。

從一個房間搬到三個房間的家之後，阿桃的經濟壓力變得更大了，還沉浸在「家裡變大」愉悅感裡的我，為了抓到平衡點，開始不停動腦筋，想著該如何布置家裡的同時，還不忘思考如何用最不占空間又最省錢的方法來進行。

想起了最喜歡的裁縫，於是開始縫製口金包，在網路上販賣賺點家用，再將剩下的碎布，拿來做成家裡布置的材料。那時還沒有錢買裁縫機，所以全都自己慢慢黏，慢慢縫。桃媽知道後，把她二十八年前的嫁妝——一台老裁縫機——送給我使用。

有了嫁妝裁縫機的加持，口金包就更進化了，也能做得更堅固，對於龜毛的我來說，覺得把這樣的東西賣出去，才對得起每一位相信我，跟我購買的人。

為了更精進自己的技術，我到處找尋專業的裁縫教室，把賣東西賺的錢拿去上課。總之，那時整個腦子就是一直在想要怎麼樣賺錢，怎麼樣進步。

在這裡還是要很感謝曾經跟我購買過商品的每一位客人。他們讓我感受到，對我的信任是百分百，帶著他們的這份心，我知道自己應該要變得更強，除了賣商品之外，也希望他們能夠得到「買了值得」的感覺。

抱著這想法，我還做了其他東西，像是樹脂黏土的耳環，小朋友的圍兜兜等，都是自己邊做邊學而來的。那陣子幾乎每天熬夜到天亮，卻不覺得累，只感到心滿意足。

在日本學裁縫是我最開心的事

能做自己喜歡的事，真的非常幸福！為讓自己手作的品質變好，我開始到裁縫教室上課。甚至開始學做衣服，而老師也會配合我的想法，細心地指導。

手作荷包蛋耳環

胎胎手作紅白格子洋裝

手作口金包

橫條上衣是胎胎手作「夫妻裝」，阿桃其實不太能接受情侶裝，他說那樣很害羞。但像這樣橫條上衣重點式的搭配，他覺得很酷。

在參與千葉縣的觀光宣導影片演出時，就是穿上自己做的洋裝。

我的裁縫老師

很喜歡我的裁縫老師，她的年紀已經可以當我的媽媽了，但內心卻比誰都還少女。

她常說自己不是正常人，也教會了我「人生就是要瘋狂，才不會浪費」的道理。就像是她拚了老命又閃到腰，就只為了排撿掉落在地的櫻花瓣，還賜予了它們新生命，變成了愛心，又變成了櫻花洋裝。

她強調，「人生，就是要邊過、邊玩、邊享受。享受眼前的美，口中的味，耳邊的風，還要享受，閃到的腰痛。」

其實我在倉敷的朋友幾乎都是歐巴桑比較多。打工的同事也是歐巴桑，裁縫的老師會介紹她的歐巴桑朋友們給我認識，大概也都是五十歲以上，跟她們在一起很開心。

偶爾我會碎念一下阿桃的事，例如他被學長帶去酒家……我有多生氣等等。

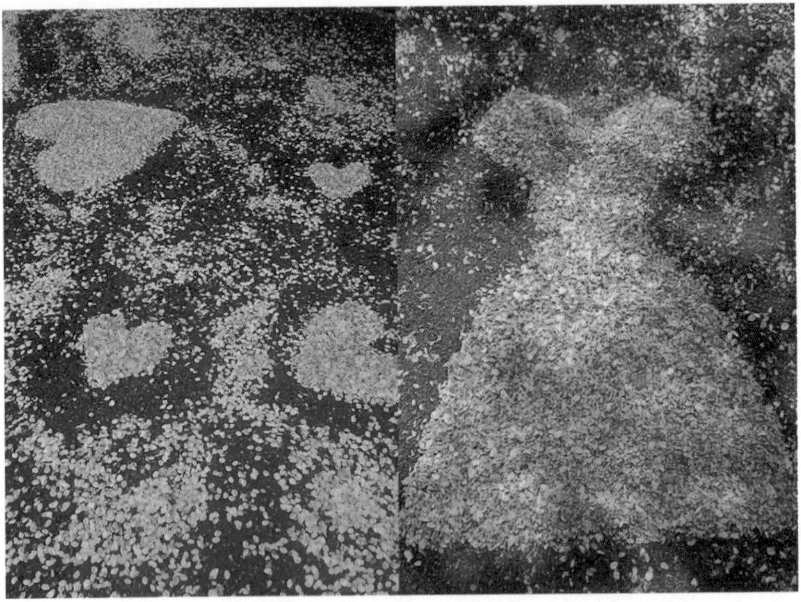

她們也聽得津津有味，還會補上一句，「阿桃要玩也只能趁現在，以後他老了，要去求小姐們給他一個微笑，換她們不願意了……」跟這群有人生智慧的好朋友們在一起，我漸漸知道，**人生其實有很多事都不需要計較太多，才算是放過自己。**

慈母一般的阿桃

婚後第二年開始，因為日本各地觀光邀約的工作愈來愈多，每個月我幾乎有一半的時間不在家，常常回家住一晚又得前往其他地方。

有一次，要往金澤工作的前一晚，洗完澡出來看見阿桃默默地幫我熨隔天要穿的衣服，還要我早點去睡，因為是我剛做好的衣服，還皺皺的，看見慈母一般的阿桃，頓時我的心也皺皺酸酸的，好感動。

為了能幫忙賺錢養家，工作再多我都努力接，能有工作是福氣，能相聚在一起的時間，我們都會好好珍惜。

在日本的第一份工作

經歷過各種離奇的面試失敗經驗，對於找工作已不抱太大希望的我，生活壓力還是有，雖然阿桃樂觀認為，我們只要過「豆芽菜生活」就好，但看著他辛苦上班卻存不到錢，心裡總是有點遺憾。（豆芽菜是日本超商裡最便宜的菜，有時候還能買到不滿五塊錢的特價品。）

在面試到最後一家義大利餐廳時，心想可能也不會應徵上，只記得店長問我說：「妳希望時薪是多少？」我回答：「**不用很多，比起錢，有朋友對我更重要**。」店長微微笑，當下並無給我任何答覆。

隔天店長就打電話來了，他故意用很低沉的聲音說：「我要跟妳說昨天的答案……」我心想一定是落選了，失望的同時，他突然提高語氣接著說：「恭喜妳，妳錄取了。」

到餐廳學料理

第一次聽到被錄取的日文時，我開心到跳起來旋轉。餐廳裡有販賣跟廚房兩個職缺，而我選擇了廚房，心想趁這個機會更要好好學習料理。

記得那天面試結束前，店長問了我「最擔心什麼事情」？我回答：「義大利料理的專有名詞幾乎都是片假名，我要背熟可能得花許多時間，擔心會不會在忙碌時造成大家困擾？」店長回答：「**只要是花時間就可以變熟練的事，那都不是問題。**所以妳擔心的問題不是問題。」

他的回答讓我下定決心，如果有機會錄取，一定要好好賣命為他工作。

之後他又問了我，平常在家都做些什麼？我不加思索的回答「做卡通便當」。聊到起勁時，還分享了日本知名卡通超人的組合便當照，他看了之後很捧場地為我拍拍手。很開心遇到一個願意真心聽我說話的好店長。

幾天後就要開始上班，一定要盡全力去面臨所有挑戰。當時每天都期待著打工那天快點到來。

這是我在日本得到的第一份打工，從平日早上工作到下午，晚上還來得及回家做飯，假日休息可以陪伴阿桃。

謝謝上天美好的安排。

不論哪個國家都一樣，有好人就有不太好的人，重要的是自己的心念，心念轉了，運就來了。

「我下班了！」

久違的這句話

義大利餐廳打工第一天，很

義大利餐廳店長

累，但超好玩。

阿桃早上出門前很不放心，千交代萬叮嚀說：「『上田』這個名字會好好守護妳的，別擔心！」其實我覺得最擔心的是桃爸與桃媽，知道我要去打工，他們比誰都還緊張。

在餐廳裡大家都叫我上田桑（Ueda=嗚A搭），剛開始有點不太適應，有時候根本不知道是在叫我，但是心裡卻很有歸屬感。無論是跟大家一起喊著招呼語與對答，或是聽著身邊所有日文對話，都像身處在日劇裡般的奇妙。沒有想到，我可以在別的國家，用別的語言，跟別國的人們一起共生共存，這種感覺好不可思議。

在第一天上班結束後，我也深深體會到「**人生沒有一件事是白白浪費的**」這個道理。

以前在台灣的洋菓子店工作，受日本教育的老闆嚴格要求的規定；在麥當勞打工時，每一個步驟都有詳細的SOP；在百貨公司工作時的待客禮節，還有從小到大幫忙阿雲做生意賣小吃的經驗……，所有的所有，都在今天的這幾個小時裡濃縮重現。

曾經不懂事的我會經常抱怨，但現在卻慶幸自己的人生因為經歷過那些，才可以順手、順心、又順利地把大家交代的事情完成。

感謝過去那些讓我經歷成長的人事物，更珍惜接下來要教導我的人事物。

義大利餐廳。

店名：カプリチョーザ イオンモール倉敷店
地址：岡山県倉敷市水江1 イオンモール倉敷1F
電話：086-430-5152
HP: http://capricciosa.com

妻子的報恩

打工滿一個月了，領了第一筆薪水就請阿桃吃大餐，來報答他平日包容我工作太累，總是一起幫忙做家事煮晚餐（雖然總是把廚房弄得更凌亂）。

愈來愈能體會到「夫妻」兩個字，其背後隱藏的意義是「相扶相持」。

累了，就在睡前互相幫對方擦藥、貼藥膏；

餓了，就一起吃頓飯聊天聊地；

睏了，就拚命打呼吵醒對方；

樂了，就拉緊彼此的手一起大笑。

感謝工作機會讓我成長，

更感謝我的先生，願意讓我有機會去體會，並陪伴我共同成長。

像大哥一樣的店長

很珍惜餐廳這得來不易的工作，店長看我跟歐巴桑處得很好，每天都幫我排很多班，我也很認真的在學習。

就這樣半年多過去，在同一時間，因為家裡狀況，我陸續接了很多觀光體驗及代言的工作，能去餐廳工作的時間相對變少了。漸漸覺得這樣有一天沒一天的上班很對不起餐廳，於是帶著沉重難過的心問了店長：「我可以離職嗎？」他卻反問我：「為什麼要離職？」接著說：「妳現在交到很多好朋友了，我會幫妳保留這個職位，就算妳一個月只來一天也好，當作是來看看我們，看看大家。還記得第一天來面試的妳，再想想現在的妳，已經成長了這麼多。妳只要覺得累了，就一個月回來一天，當作是回來充電也好。」

我真的好感動，竟然有這麼好的店長，不會強迫員工一個月要上幾天班，想要留住我竟然不是要我為他工作，而是單純只想提供一個讓我在外面飛累了可以回來休息的地方。

我把他的話，全放在心裡，他是我的貴人，我的恩人。

店長的第二個孩子誕生，為了感謝他當初願意給我工作機會，晚上熬夜做出了立體壽司圍兜兜當作小報答。
他收到時，一邊說怎麼這麼客氣，一邊笑得很開心。
希望小寶包可以平安健康的長大。

搬家前的拜訪

每個月一次的打工就這麼持續了半年，在二〇一七年的二月底，跟阿桃決定搬回廣島前，我再度去了餐廳，這次不是工作，而是道別。

看著店長的臉，露出了些許不捨，卻用著一貫的笑容對我說：「沒關係，能請到妳這個員工是我的驕傲。」然後我又哭了。

像是大哥一樣的店長，打從一開始的面試就答應我的任何要求，讓我可以像妹妹一樣任性，包容我做自己覺得更重要的選擇，每次想到這裡，就覺得自己何其幸運。

在吉本興業，見到大明星

日本知名搞笑藝人公司「吉本興業」，除了是一家超過百年歷史的大型影視傳播公司之外，在搞笑藝人的培訓經營上特別為人所知，在台灣也有著一定的知名度。

二〇一五年春季，繼Hapinaha（ハピナハ）之後，吉本興業又在沖繩推出一個劇場型娛樂表演的鬼怪屋「沖繩笑笑鬼屋」，那是一座全新風格的娛樂設施，全部由搞笑藝人出演，秉持吉本興業表演的一貫風格，讓大家在體驗完「緊張」、「恐怖」後，再帶給大家「歡笑」和「感動」。

這個超級可愛的笑笑鬼屋，因為想推廣給更多台灣的旅客，於是特別邀請了台灣藝人史丹利、可愛部落客小草，還有我，三位台灣代表來體驗。這次吉本興業的邀約，可說是開啟我以「部落客」的身分，在日本開始進行更多取材工作的開始，對我而言意義重大。

因為粉絲專頁的經營方式，受到現在負責幫我接案子的經紀人Nancy的關注。Nancy本來在吉本興業工作，笑笑鬼屋剛開幕後，她便來信問我有沒有興趣去「體驗」一下。那時候的我，傻呼呼的什麼都不懂，跟阿桃討論後，他也感到不可置信，先是拒絕。沒想到Nancy並沒有立刻放棄，到最後我想，好吧，不然去試試看也好，反正吉本興業很大，應該不會騙人才是。

親眼見到日本藝人

在半信半疑的心情下，我來到吉本興業在沖繩的辦公室，工作人員直接帶我們勇闖藝人休息室，更沒想到他們竟找來台日混血的日本搞笑藝人渡邊直美來跟我們合照。每次跟阿桃在電視上看到她都覺得超有喜感，現在竟然可以見到本人，我應該是在作夢吧！

還記得大學時代跟阿桃一起看搞笑藝人在電視上表演時，可能因為當時日文

左起小草，我，渡邊直美，史丹利。
雖然是初次見面，卻因為共同體驗笑笑鬼屋，而把我們的心緊緊地靠在一起，深刻展現了「互助互愛，同心協力」的傳統美好精神！

程度不好，加上因為文化背景不同，覺得日本跟台灣的笑點不太一樣，所以就算阿桃笑得東倒西歪，我總是只能乾笑傻笑或呆笑。

在日本生活幾年後，竟莫名的喜歡上他們那種看似無厘頭卻有深深涵義的搞笑表演，跟著阿桃一起愈看愈有趣，兩人也因此多了更多話題。每次看電視看到失態大笑時，我都很讚嘆，吉本興業的搞笑藝人，真的帶給我們無限的幸福啊！

我跟阿桃還曾經特地衝到大阪的吉本，想要去看他們現場的表演，可惜卻都搶不到票。懷著多次遺憾的我，託這次到沖繩工作的福，竟然能比阿桃早一步看到搞笑藝人，讓阿桃羨慕到不行。

為了將來的生活，我一定會更加努力的，而他畫裡的小小心願，我也會盡力讓它成真，一起去更多地方，一起吵吵鬧鬧，一起大哭大笑。

因為，我的心願就是實現你的心願。

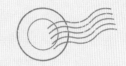

我的心願就是實現你的心願

在一邊打工的同時也接了許多日本的觀光工作，已經離開家一個多禮拜的我，正坐在從東京回倉敷的車上。

靜靜想想，這陣子真的很拚命工作，在日本各地跑來跑去，完成了許多自己以前連想都不敢想的事，認識了好多厲害的人，看見了好多畢生難忘的風景，一切依舊像是作夢般不可思議，我真的非常熱愛這樣的工作。

只是在外地工作時，累與不安的次數多到不可細數，此時心裡最大的勇氣來源，就是那位在遠方，每天認真去上班的阿桃。

之前我把他的畫偷拍了下來……累的時候總會拿出來看。

一台大大的飛機是他，裡面載著小小的我，他說希望有一天，能夠帶我去到處玩。

一個酒鬼是他，喝醉帶禮物回來給我，小鬼是我，在一旁督促他不能喝太醉。

兩個捧腹大笑的胖胖雪人，則是代表我們一起笑得很開心。

疲累時，雖然他不在身邊，卻因這些小圖而感受到他想表達的「同甘共苦」，讓我瞬間電力滿滿。

開啟「部落客」的工作之路

結束跟吉本興業的合作後，不只因為看到搞笑藝人而興奮多日，收獲更多的是在那次合作後，認識了很多在日本努力生活的台灣人，跟他們比起來，覺得自己實在看得太少、懂得太少。

後來笑笑鬼屋的體驗文貼出來之後，台灣朋友對我寫的那篇分享文章的反應還不錯，很多人來信說，他們也想要去玩一玩。那時我才知道，原來自己在網路上，有著一份小小的影響力。

從那次之後，漸漸有一些日本地方政府觀光單位的邀約，我都抱著新奇的心去感受。一直到現在，在每一次的體驗工作中，總是提醒著自己，要帶著初衷，將感受到的感動與回憶，透過文字，把日本可愛的地方與文化傳達給大家，就像是第一次我去參加吉本興業「笑笑鬼屋」給我的體驗那樣。

與福島叔公叔母的合照，叔母的頭髮被風吹得好酷炫。

胎胎不哭了

每次在外地工作，靠自己找路、找住宿，加上在家陪伴阿桃的時間瞬間減半，阿桃從一開始的不習慣到現在的體諒，他的家人與我台灣的家人也都是大力支持，這些是我獨自在外打拚時，心理上最大的靠山。

有一回到福島工作，阿桃的叔公叔母就住在那邊，上了年紀的他們，一大清早特地來工作現場探班，只為了替我加油打氣。帶著他們兩位老人家特地買來的葡萄，自己回到飯店時，一邊吃，一邊心暖鼻酸。

剛來日本時，什麼都不懂，凡事都

得依賴阿桃，總覺得對他很抱歉。

「**為了生存，讓自己在日本變得更強更獨立，才是對他最好的報答，所以我只能努力。**」這是在我開始到處接工作，一個人外宿很累時會對自己的信心喊話，所以不允許自己碰到困難就哭哭啼啼，堅強才能讓所有愛我的家人及關心我的大家放心。

也許自己對突如其來的忙碌生活還有許多不適應，但是我相信，這就是人生好玩的地方。阿桃是在天國的爸爸為我選的，而現在這段新的旅程，我相信他一定也會繼續守護著我們。

日本廣播電台專訪

第一次上日本的電台廣播專訪，而且還是帶老公上場！

幾天前阿桃就在公司四處敲鑼打鼓宣傳，讓大家知道他要上廣播節目了，沒想到上場時卻緊張到不像話，整段談話裡僵硬得像一尊雕像，講了冷笑話要掩飾自己的不安，卻沒人笑得出來，哈哈哈好可憐！

這真的是很難得的經驗，很寶貴的回憶。

和服情緣

位在京都最熱鬧的四條河原町，有一家風香和服出租店。一開始是因為工作的關係認識了老闆娘，後來才知道他們竟然是京都數一數二的和服大製造商，日本各地和服以及旅館的浴衣幾乎都是他們家做的。

去年相識的那天，是我到店裡去挑工作要用的和服，看著琳瑯滿目的服飾、腰帶、配件，美到讓人眼花撩亂，後來目光被一件紅白條紋的和服吸引，腰間繫上英倫時鐘與小黑貓的腰帶，再搭配卡莉怪妞的誇張髮型，完成後竟然讓和服店老闆娘讚不絕口，還說今後店裡也要以這組搭配來作展示。

不明白為何她如此驚豔，她笑笑回說：「因為女孩子穿和服通常講究優雅，就是要穿得『很甜美』的感覺。」在我選中紅白直條的和服時，就深深引發了她

風香和服出租店老闆娘。

的興趣，更好奇接下來我會怎麼搭配，沒想到我還真選了一條圖案誇張的腰帶，讓她更是驚訝連連。

「因為我本來就喜歡衝突的美感，也希望透過自己，能夠讓更多人知道和服的美好。傳統有傳統的優雅，現代有現代的特色，只要能讓人印象深刻，只要能穿得開心，多一個人欣賞和服的美好，都是很棒的呀！」我說道。

想不到這樣的想法跟老闆一拍即合。她像找到知己般興奮地說：「因為穿和服的步驟比較繁雜，讓許多人在著裝的入門階段時就放棄了，所以在需要穿到和服的場合時，還要花錢去請人家幫忙穿，或是穿個一次過過癮、拍照留念就算了，真的非常可惜。」

老闆娘還說，其實她有個小小的心願，就

是想要推廣和服，不管是給現代的年輕一輩們穿，或是世界各國的人，或許可以先把穿和服的複雜度降低，讓大家可以更容易上手，比起強調和服穿著精準度，倒不如先讓大家接受和服的美與趣味，等接受度夠高，再來講究穿法，慢慢把和服的深奧教育給大家，會來得比較實在。

在談話間，我感受到她對和服文化的熱愛，同時也把自己的想法告訴她，我們非常談得來，想的、做的都是一樣的。我去過很多和服店體驗工作過，但並不是每個店家都可以接受我的想法，沒想到遇到老闆娘這種為了保留、推廣好的傳統文化而願意與時俱進的人，想法沒有被任何框框侷限，我也感覺遇到了一個很棒的知音。

因為這個機緣，在我每次的工作中，她成了我專屬的和服打造師。只要是能穿和服的場合，我們都會花很多時間討論適合當天的服裝搭配。

我們變成朋友，變成知己，她常說，碰到我算她「賺到的」。現在日本有愈來愈多年輕人開始在追求復古摩登，搭配靴子、球鞋、蕾絲手套、復古帽……等，日洋合併的混搭感，都是許多專門在「玩」和服、研究時尚和服穿搭的人所喜愛的呢！

穿起來很像台灣的牛奶糖包裝紙（大笑）。

店名：風香きもの

地址：京都府京都市下京区西木屋町通船頭町235

電話：075-365-0099

HP: https://www.fuukakimono.com/tw/

第4話

我最愛的兩個媽媽

總有一天，
你會把你的叛逆變成你的夢想，
把你的夢想變成你的世界，
獻給你媽媽。

——「五月天」阿信

阿雲的日本初體驗

話說，阿桃因為貸款買了一台中古車，擄獲了丈母娘阿雲的心，甚至連親戚朋友們那一關都因此通過，我終於可以嫁了。我們在日本要辦簡單婚禮儀式時，阿雲跟妹妹第一次來到日本，就借住阿桃老家。

媽媽妹妹與阿桃的家人是第一次接觸，雙方既緊張又興奮，只能用「雞同鴨講」四個字來形容。可愛的是，桃爸買了八個小蛋糕，手繪一張連連看的大圖，規定大家先不能挑口味，得用連連看的方式，連到哪一條線就選終點畫的蛋糕種類，讓大家玩得不亦樂乎，就算是簡單的小蛋糕也吃得開開心心。

或許正因為語言不通，所以就沒有「溝通」上的問題，雖是初次見面，但似乎雙方對彼此的印象都很好。

其實，我遺傳到媽媽，兩人個性都很急，不，應該說簡直一模一樣。過去在台灣，我們住在一起時老是吵架，而現在因為嫁到日本，能回台灣一趟不容易，但只要住在一起超過三天，還是吵架。（苦笑）

結婚後，雖然阿桃經常惹我生氣或害我白眼翻不停，但我卻很感謝有這麼一位天兵丈夫，因為他給了我跟媽媽一個重新認識彼此的機會。

以前阿雲對我的關心是緊迫沉重的，因為她得身兼父職，也因為她太愛我和妹妹，把彼此都壓得喘不過氣……但她卻不得不這樣做。

這幾年來才明白，原來**距離教會了我們，只要將過多的愛與思念，變成一句簡單的關心，彼此學會放手，用祝福代替操心，對我們雙方都好。**

看著婆婆，重新學會跟媽媽相處

在日本生活了這麼多年後，我常常覺得，講日文的我，是另一個自己。

在不同的國家，使用不同的語言，身處在不同民情，也許該說，是在那樣的環境下，我找到了一套屬於自己的生存方式；而一回到故鄉台灣，就又能無違和地馬上回到最原始的自己。這兩者並沒有衝突，兩個都是我。

婚後雖然沒有跟公婆小姑同住，但每次相聚時，因為文化、生活習慣的不同，阿桃家人也很包容我。久了之後，他們也將我當自己人，一些剛認識時的客氣禮節，也都因距離變近而不再那麼拘謹。

某次婆婆（桃媽）叫大家吃飯時，我因為身體不適而說了「不餓」，她直接回：「是因為我做的菜不好吃嗎？」無心的一句話，讓我緊張了一下。戰戰兢兢地反省：「自己是不是說錯話了，該怎麼辦？」甚至在心裡擱了好幾天，總是覺得不安。

換作是媽媽講的，我大概就不會理她，甚至連回話都不會。

可是婆婆這樣一說，卻讓我想破頭：「婆婆生氣了嗎？她到底在想什麼？我該怎麼做？」

看著日本婆婆，想起多年來自己對媽媽的放肆任性，慢慢了解該如何去對待媽媽。

婆婆跟媽媽他們對愛的表現也不一樣，媽媽比較直接，當她（擅自）覺得妳會冷的時候，一定會一直念念念到妳把衣服穿上才會停止；但婆婆就不同，她會直接遞一個暖暖包給妳，同樣都是擔心孩子感冒，但雙方表現卻大不同。

吃飯的習慣也很不一樣，在台灣時，因為家裡從早到晚都在外面擺攤工作，經常回到家已經很晚，吃外食對我們而言，早就習以為常。在日本卻是完全不同的場景。

第一次到阿桃家，加上我共有六個人，一餐吃下來，整個洗碗槽滿滿都是碟子，只有桃媽一個人收拾兼洗碗，其他的人都坐在客廳前一邊看電視、一邊刷牙。沒錯，早晚他們都喜歡在客廳刷牙，一邊講話，一邊看電視，最後都是媽媽在清理。那一瞬間我覺得「當日本人的媽媽好可憐喔！」（一邊刷牙一邊到處跑，在日本應該只有阿桃家人會做的事）

此外，一般日本人搭電車或其他交通工具，都是禁止講電話的，因為他們認為這樣會給別人帶來麻煩。**日本，真的是一個很怕給他人添麻煩、很在意別人眼光的國家。**

一開始不太習慣，覺得這樣活得很累、很拘謹，連在公共場合也不能開心大笑、大聲說話。偶爾回來台灣，聽到有人在車上講電話都覺得有點違和，甚至對於自己邊走邊吃，都感到不可思議，但不得不說，心裡竟莫名有種「解放了」的開心感。

不知不覺，在日本生活，習慣也漸漸地被同化。就像是「不化妝不出門」的例子，明明以前在台灣不化妝一樣也到處跑，但在日本沒化妝出門卻有種說不出的罪惡感。（泣）

桃爸一邊刷牙一邊想入鏡，桃妹穿了一雙像鞋子的襪子。

台日家族大集合

以往過農曆年，因為阿桃還要上班，通常我都是一個人回台灣跟家人吃團圓飯。總是飲恨的他，在我們婚後第一年，心血來潮地把台灣的阿雲、妹妹與未來的妹婿都請來日本讓他招待。

週末回廣島婆家，混著中文、日文、台語的吵雜對話，大家興奮地幾乎要把屋頂掀起來！

桃媽努力準備了一大桌料理和大家的棉被，搬到腰快斷了；桃弟做了雕花生魚片與花式調酒，整個太帥搶了阿桃風采；桃妹教大家做章魚燒，自己做的章魚都特別多、特別大；阿桃跟桃爸兩人盡責地將所有東西吃完也把酒喝完……

不停翻譯講話到喉嚨很痛，吃飽了撐著的阿桃這時才挺身而出，幫忙比手畫

PHOTOS BY MRS.UEDA

腳，並以他幼幼班程度的中文在兩家族中間傳達，卻又經常搞錯意思，愈翻譯愈複雜，真的是愈幫愈忙。

話說之前對於他家聚餐的餐盤數量已經很吃驚了，這次一共九個人的餐盤更不是開玩笑，小碟子與碗盤杯子多到洗不完，而我也從女友晉升到上田媳婦的身分，無論在婆婆或媽媽面前，理當是要好好表現一下的……，只能說，在日本當媽媽真的好辛苦啊！

媽媽的味道

本來這次阿雲他們來日本，是想帶阿雲到處去走走看看的，沒想到她卻得了流感，接著我也中獎了。

妹妹與妹婿因為得上班，玩了幾天就先回台灣。

而帶著一堆病毒的阿雲怕被海關攔截，只好延長留在日本的時間。沒想到在她痊癒後換我連續高燒兩天不退，原本是要讓她來享福的，福還沒享到，倒像是灰姑娘一樣，忙著照顧我，又得料理大食怪阿桃的三餐。

阿桃可是樂歪了，他每天都有正版台灣料理可以吃。

擅自把女婿當親兒子看待的丈母娘阿雲，愈看阿桃愈滿意，無止盡無限制地瘋狂餵食他，甚至大清早起來燉了一大鍋控肉，就是怕女婿餓著。

難怪人家說，有媽的孩子像個寶。

阿雲在的時候……

好久沒有像這樣，有個人一直在我耳邊囉嗦，一會兒要我快喝溫水，一會兒又要我快吃藥；好久沒有這樣大口大口吃媽媽的親手料理。看著我跟阿桃吃得那麼滿意，阿雲又擅自決定，等我以後懷孕，她還要再來日本！

阿雲做的控肉。

我們把媽媽帶壞了

阿雲明天要離開我們回台灣了。

最後的一晚，我們帶她去居酒屋，還一直邀她乾杯，沒想到她真是可造之才，千杯不醉，續了兩攤之後，猛灌阿雲喝酒的阿桃已經先醉了。

身為台灣代表的丈母娘阿雲，一直要我們努力相親相愛，讓她早日抱孫，阿桃竟跟她說「做小孩子」會很累，所以希望阿雲不要回台灣，留下來再多餵他吃更多好料的來補充營養。（這位女婿很會喔！）

不知道這女婿是捨不得我媽還是捨不得食物？

爸爸走後，才出現的媽媽

父親節，從我國小一年級到現在，已經二十多年沒過這節日了。

一直以為，我可以任性撒嬌依賴著爸爸長大。就在七歲剛就讀國小一年級的某天晚上，沒有任何前兆預告，沒有任何心理準備，爸爸就離開了。喪禮上，以我現在僅有的印象，就是有一個女人，哭得很大聲很可憐。她是我的媽媽。

七歲前，我的世界裡幾乎只有爸爸，跟每個小女孩一樣，都曾有過「長大後要嫁給爸爸」的夢想。

當時對媽媽的事幾乎不太有印象，總覺得自己跟爸爸是一組，媽媽跟妹妹一組，只是我們剛好都住在一起罷了。但從爸爸離開的那一刻起，這位原本跟我不同組的女人，現在卻成了我生命中最重要的女性，也是我最親密最敬愛的，我的好媽媽。

這次多虧阿桃這位日本女婿，主動邀請阿雲來日本住一個月，讓年輕就工作忙碌到現在的她，與從小叛逆的我，終於能夠多這麼一點點專屬的時間，讓我們兩人像朋友般地無話不談。以前怎樣也沒想過，原來親人，真的真的可以這麼地親密無間。

當一起在人擠人的超市買菜時，當一起走過車水馬龍的斑馬線時，我不加思索地緊握著阿雲的手，當下心裡滋味好複雜……曾經因為自己的叛逆不懂事，拒絕了這雙因辛勞而粗糙的手，原來是這麼的溫暖。現在長大了，卻嫁到這麼遠的地方，能像這樣緊緊地、牢牢地牽著她手的機會，還能有多少次。

心裡猶豫思考的同時，發現此刻她也緊握著我的手，還一臉擔心地說：「妳的手好冰，是不是會冷？」

在日本的生活，即使讓她有很多不放心，但是，她相信接下來緊握著我手的那另一半（阿桃）一定會好好疼惜我。

一個月的假期很快就過去了，凌晨，阿桃跟我開車載著阿雲去機場，沿路我都表現得很堅強，因為我得讓她對我在日本的生活放心。

回程路上，我終究還是愛哭鬼一隻，哭得唏哩花啦還不斷跟阿桃說：「我好想媽媽，我好愛媽媽，我會更加油更加油……」彷彿像是將不敢對阿雲說的話，在此時一口氣被釋出（然後被自己的鼻涕嗆到）。

感謝上天雖然帶走了我的爸爸，卻給了我最棒的媽媽。父親節、母親節都快樂，爸爸媽媽，我愛您們。

接下來的生活，媽媽請不要擔心我，我從妳的女兒變成了阿桃的妻子，將來我會跟這位日本「新」兒子一起努力，讓妳可以過更好的日子！

日本婆家的驚喜

跟阿雲道別前的意外小插曲。登機前竟然看到桃爸桃媽跟桃嬤提著一大袋禮物出現！

完全沒想到他們準備了這樣的驚喜，阿雲看到他們出現時，又叫又跳的不輸給十八歲少女。

桃爸的腳因為長期工作而無法久站，卻特地開了那麼久的車來。桃媽特地向公司請假，專程帶著快八十歲的桃嬤一起來。

明明雙方語言不太通，但他們互相擁抱，而且是抱過一輪又一輪還捨不得分開，最後彼此還因為一時情緒太過激動而紅了眼眶，只差沒哭出聲音。

我跟阿桃雖然不知道他們大人在演哪一齣（笑），但是站在一旁的我也感動不已，雖然當初我們結婚時沒有聘金也無法舉辦婚禮，但阿雲常說，**能嫁到這種愛屋及烏，善良又單純的家，比什麼都棒**。

阿雲說得對。

感謝我的婆家，如此愛著我，也這樣愛著我的娘家。

阿雲抱著阿嬤，兩人淚灑機場。

每天早晚我跟阿桃都會許願，希望台灣跟日本，我們重要的家人親戚們，都可以很平安很健康。謝謝在天國的日本阿公守護著我們，可以平安快樂地順利完成神戶冒險。

實現桃嬤的心願

桃嬤已經快八十歲了，記憶力逐漸退化，有時會出現失憶症狀，我跟阿桃商量後，決定趁她還記憶清楚時，帶她到小時候的故鄉「神戶」。當時的我跟阿桃也沒去過神戶，所以那天是我們三個人的大冒險！

阿桃小時候是桃嬤照顧長大的，桃嬤很寵他，把他養得像台灣明星白雲一樣，從來不對他生氣。阿桃也很愛桃嬤，他說無法想像她離開的那天到來。雖然他總愛跟桃嬤鬥嘴，沒大沒小的，但桃嬤總也不甘示弱地不會輸給他。

這是他們對愛的表現。

祖孫情深，尤其在他們同時打哈欠，同時走錯路時表露無遺。我嫁給了阿桃，多了阿桃一家人，也多了一個疼我的阿嬤。

她雖然溺愛阿桃，但在婚後，卻總是叮嚀阿桃，不准讓雅羚流眼淚，阿桃總壓低聲音抱怨：「自從家裡多了妳之後，阿嬤都只疼妳，都不疼我了。」

聽到這些話時，桃嬤總會對阿桃吐舌頭，再轉過頭來對我微笑。

阿雲，生日快樂

幾年前，阿雲生日，無法回台灣陪她一起吃蛋糕增胖，所以，我跟阿桃請妹妹轉交紅包，希望阿雲可以長命千歲。（她應該沒打算要當老妖，哈哈！）

阿雲總說：「我最棒的生日禮物，就是擁有妳跟妹妹這兩個女兒。」但她每次收到紅包時，還是無法隱藏那一臉興奮。

人家都說，嫁出去的女兒，潑出去的水，但怎麼也想不到，這一潑潑過了整個太平洋。

從反對我跟阿桃交往到現在，阿雲、妹妹，包括我，三人的想法都改變好多，雖然無法像從前般每天相聚，但是，她們多了個在日本的家，多了個日本仔女婿，想來就隨時可以過來。

媽媽，祝福妳生日快樂！（ママ、お誕生日おめでとぉ　）

阿雲對這個可以美化相貌的機器愛不釋手，左圖是婚前拍的，右圖是婚後拍的，希望未來還有好多好多年，她都可以跟我們一起拍大頭貼。

桃媽的禮物——結婚賀禮

自從桃媽將她的嫁妝裁縫機送我之後，做手作就變得更有動力了。

有趣的是，日本婆婆跟台灣媽媽有個地方不一樣，當她送你一件東西的時候，會先問：「我送妳東西，會不會給妳添麻煩了？」換作是台灣媽媽阿雲，一定會說：「有得用就好了，還嫌！」（阿雲不要瞪我）

只是老裁縫機已經將近三十年歷史，經常卡針或是故障，最後只剩下可以車直線的功能，卻也捨不得換。直到半年後，發生了一件讓人非常感動的事。

那一天我跟阿桃回到廣島老家，桃媽立刻動員全家人，帶我去裁縫機專賣店，要我選一台自己喜歡的。這突如其來的貴重禮物，讓我又驚又喜。她把我拉到一旁說：「你們結婚時，我都沒有送什麼給妳，台灣的媽媽把妳交到我們手上，妳就是我們上田家的媳婦，也是女兒。雖然沒辦法買很貴的東西給妳，但家裡用的那台老裁縫機，妳一定用得很辛苦，趁這個機會，讓我表現一下。」（當時，我的雙眼早已淚水朦朧，幸好有忍住，只管點頭代表謝謝，話卻說不出來。）

當晚，我偷偷把這台裁縫機的錢塞進桃媽的包包裡。

雖然這得花上自己打工兩個月的薪水，但卻深深感受到桃媽的心意，遠遠超過了金錢，這樣就夠了。

Love the life you live.
Live the life you love.
Photos by Mrs.UEDA
brother

兩個媽媽，兩個妹妹

多年前的桃妹，桃媽，還有我。三個人笑到眼睛都只剩一條線。拍照當時我跟阿桃還沒結婚，是和他們全家一起去吃飯時拍的。

桃妹從小就被哥哥和弟弟包圍，親戚的小孩也大多是男生，桃媽總是說，很開心有我的加入，讓桃妹多了個姊姊，讓她多了個女兒，而且買衣服，她都會一口氣買類似的三件，我們一人一件「母女姊妹裝」。

我感謝她們，讓我很富有，可以一次擁有兩個媽媽，兩個妹妹。

婆家的先進禮物

第一本書《上田太太便當的甜蜜》出版後，阿桃家人從廣島寄來一個包裏，當作是出書的祝賀禮。信裡寫著：「雅羚，恭喜妳出書，為了家庭與生活，妳的努力我們都知道，很高興我們家的媳婦是妳。我們挑選了這台攝影機，希望妳可以更享受在日本的生活，紀錄下所有美好的一切。」

謝謝婆家的溫暖！家人果然是最大的動力！

阿桃回台灣，凡吃過必留下痕跡

阿桃的美食清單

只要能回台灣，對愛吃鬼阿桃而言都是最開心的。

台灣是他的美食天堂，未來的妹婿帶著他四處吃在地小吃，才短短兩天，竟然已經吃了這麼多！

阿桃肚子裡裝的台灣食物清單列表：菜脯蛋，香酥鴨半隻，嫩牛肉快炒，鮮肉大餛飩，抹茶紅豆剉冰，甘蔗汁，百香椰果飲，蔥辣芋塊巧，鮮肉大乾麵，紫蘇烏梅湯，酸辣湯，麻婆豆腐，蒜味茄子，客家小炒，鮮肉水餃，蛋炒飯，蔥辣滑蛋，蔥抓餅，豬腳麵線，炒空心菜，白飯無數碗，香蒜快炒，薑絲炒大腸，一顆小玉西瓜，兩大塊焦糖蛋糕，桂花鮮奶冰淇淋……

怎麼可能吃這麼多啊！

與榴槤的第一次親密接觸

帶著安全帽又吃榴槤的超台日本人，沒想到什麼都吃的阿桃，竟然敗給了榴槤，水果之王果然威力不是蓋的。

雖然他在路邊不到五分鐘就解決掉一塊榴槤，但臉卻比榴槤還臭，搞得隔壁賣雞排的老闆娘偷笑到不行。吃完還馬上灌光一杯西瓜汁，一到家馬上刷牙，哈哈！

紀念阿桃愛吃，而為他做的海報。

日本人吃台灣章魚燒

快把整座台灣島都吞掉的阿桃，連台版章魚燒都不願放過，甚至小看我們台灣的芥末醬，又燙又辣的讓他偶像包袱全都掉到地上。沒誇張，真的是把他辣到邊哭邊吃；而一顆小玉西瓜也嚇不倒阿桃，他的嘴巴就像吸塵器，西瓜一碰到嘴就整排消失。

偶像包袱跟體重一樣重的他，遇到了台灣美食，什麼都可以丟掉，唯獨手上那些食物，不准大家跟他搶。照他這種吸塵器吃法，以後觀光局跟料理美食店家都可以來找他代言了。

明明那時回台灣是為了要去見外婆跟陪陪丈母娘阿雲，怎麼搞得像是野生阿

桃獸性大發、暴飲暴食全紀錄，現在退貨還給桃媽還來得及嗎？（誤）

大學時期剛認識阿桃時，他才六十公斤，而在他來台留學半年胖了十公斤之後，體重就再也回不去了。（目前還持續向上暴增中）

此外，阿桃的全罩安全帽體驗，根本沒有去搶銀行的氣勢。因為坐在機車後座就讓他怕到雙腿夾緊，又哀哀叫個不停；我也是很久沒騎機車，轉個彎很害怕，速度慢到自己想笑，只是阿桃很重又夾那麼緊，更加製造安全危機。

人大膽小的機車體驗。

妹妹&準妹婿的禮物

終於回到日本，打開超重的行李，不知道為什麼，一開箱看到這大同電鍋本尊時，又讓我好想回家。

這咖大電鍋，是妹妹跟未來妹婿送的，雖然他們號稱要等存夠了錢才要結婚，但事實上，我們內心早已把他當作家人。

身為長女的我，嫁到了遠遠的日本，照顧家裡的責任就這樣落到了妹妹身上。很多時候，在阿雲需要照顧，或是家裡有什麼狀況發生時，我都很氣自己，為什麼要嫁這麼遠，這是嫁到遠方的女兒心底深處永遠的痛與不捨。

而從小像跟屁蟲的妹妹，就在我不在台灣的這幾年，不知不覺變得比我想像中還要堅強，即使感情路上跌跌撞撞，但幸運的是，此時身邊有個疼愛她的他。

經常在家人的群組裡收到阿雲傳來的相片與訊息，說妹妹與男友今天又帶她去哪玩，去吃了什麼好吃的，體驗了時下年輕人喜歡的，讓她好開心。他們兩個年輕人，總是貼心，不會只想著自己，讓在遠方的我與阿桃，總是對他們充滿著感激。

可愛的妹妹與貼心的男友，謝謝你們代替我與阿桃，努力地支撐起這個家，謝謝你們不管什麼事，永遠都是第一個想到媽媽與我。就像這個大大的電鍋一樣，因擔心我在日本會思念台灣味而特地送來，卻又嘴硬好面子說我用炊飯器控肉不道地，一定得用電鍋。（暖心）

明明是早妹妹兩年出生的我，身為姊姊卻總是愛哭，每當遇到什麼過不去的困難，腦海中第一個浮現的永遠是媽媽跟你們的笑臉，真的好幸運擁有你們，即使等到你們存夠錢結婚那時還不知道要等多久，但家人就是家人，我愛你們。

TATUNG
保溫
煮飯

給妹妹，最珍貴又獨一無二的妳

「我們的生命，先後順序，在同個溫室裡。也是存在這個世界，唯一的唯一。」每次唱到溫嵐的這首歌，就是我淚崩的時候。

小時候因為妳是愛哭鬼又愛跟路，讓我好討厭妳；長大後嫁到日本來，才知道身上流著同樣血的我們，竟可以如此的親近。

當我高中叛逆，妳幫忙隱瞞卻換來一陣毒打；當我不在台灣，妳努力靠著自己的力量保護媽媽，保護我們的家。不知不覺，我沒在妳身邊的這段時間，妳變得勇敢又懂事。有時候，難過傷心，妳總有辦法逗我開心，依然清晰，回憶裡，那些曾經，有笑有淚的光陰。

我的妹妹，妳是最珍貴又獨一無二的。

對於過去，我們有著太多辛苦卻又笑個不停的回憶，真的很愛很愛妳。謝謝妳來日本找我，謝謝妳體諒我現在無法給妳太多，無論發生什麼事情，都不要忘記有一個最懂妳的我。

我的夢想

說來有點害羞，我小時候的夢想只是要當「爸爸的新娘」。

爸爸所在的地方，我就安心，被爸爸摸摸頭，那晚就睡得特別香甜。直到七歲時爸爸的離開，我的夢想變成了要當可以「保護媽媽的英雄」。

阿雲辛苦地獨自扶養我們長大，而我跟妹妹也從小小年紀開始接受真實社會的洗禮。隨著年紀增長，知道跌倒會痛，了解何謂冷暖，才發現，當時那帶著傻傻勇氣的一顆心，竟不知不覺縮得好小。

一路走來，在最難過時，感謝家扶中心與世界展望會的幫助，讓我們沒被現實環境打倒。

也許「成為保護媽媽的英雄」這個夢我還沒有實現得很完美，但從這一刻開始，包括家人，甚至可憐的孩子們或流浪動物們，我都會努力用自己的力量來慢慢圓夢，成為「有力量守護他們的人」。

我敢再次做夢，因為，我打從心裡願意。

（攝影／梨寶）

阿桃的中文日記——誰是小張？

阿桃很愛說中文，更愛當「台灣人」，為了每次回台灣可以跟大家溝通，他很認真自學中文，只是那二二六六的發音，經常讓我誤會而氣得半死。（無奈）以下為夫妻差點吵架失和的愚蠢全中文對話。

桃：韓果六理很好ㄘ（韓國料理很好吃）。

我：今晚明明煮拉麵，哪來的韓國料理？

桃：噗速，速小張的韓果六理，偶很席歡吃，小張都茲道，聽縮小張揍菜揍的很好，偶有企夠他的素色跟他鞋乾琴。

（不是，是小張的韓國料理，我很喜歡吃，小張都知道，聽說小張做菜做得很好，我有去過他的宿舍跟他學鋼琴。）

我：是喔是喔！小張是誰，怎麼那麼厲害蛤？會做菜又會彈琴，宿舍在哪裡，她吃飽太閒是不是，教你這胖手指彈什麼琴？（已經被激怒）

桃：介速小張給我的咪咪，噗能跟妳縮。（這是小張跟我的祕密，不能跟妳說。）

胖桃一臉笑呵呵。

我：蝦毀！小張還給你咪咪。（氣到快腦充血）

我：你跟小張認識多久啦？我怎麼都沒聽你說過？（假笑到臉超僵，一邊假裝摺衣服，又心平氣和、假溫柔地問）

桃：乾乾練塑的呀！（剛剛認識的呀！）

（阿桃一臉天真浩呆地用手指著他的中文書，小張竟然是中文教科書裡的虛擬人物）

原來，讓我氣得半死的小張，是書裡不知道是男是女的虛擬人物；

原來，阿桃沒有免費咪咪可以讓他賺到好康這樣摸；

原來，小張會煮韓國料理跟會彈鋼琴都是一場遊戲一場夢；原來，阿桃的中文已經進化到讓我被他耍得團團轉。

過沒多久，他跑來我面前，用耍帥的表情嗆我：偶民天還要抗抗小張，他會教偶很兇很兇。（我明天還要看看小張，他會教我很多很多。）好，你們繼續你儂我儂好了，反正小張不會讓你餓著，更可以逗你開心，我不打擾，放手是我對你的愛。

胖桃很擔心將來小孩的中文會比他厲害，趁我出遠門工作時偷偷去報考中文檢定。雖然成績低空飛過，收到合格成績單之後，胖桃很愛演地拿鍋鏟當作麥克風發表感言：「阿雲，還有台灣的大家，我又離你們更近一步了。」（這算是嗆聲嗎？呵）

「ㄖ」跟「ㄌ」好麻煩

「ㄖ」跟「ㄌ」的發音，對日本人來說真的很難分辨，前兩天聽阿桃在教桃媽說中文，結果「熱」變成「漏」，「冷」變成「聾」，「日本人」變成「立扁連」。一句簡單的「日本人怕熱，台灣人怕冷」，從他們嘴裡講出來卻是「立扁連怕漏，台灣連怕聾」。（笑慘）

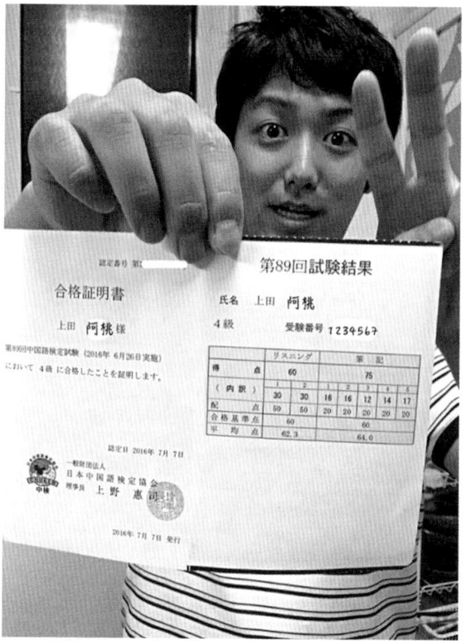

阿桃的中文檢定四級合格。

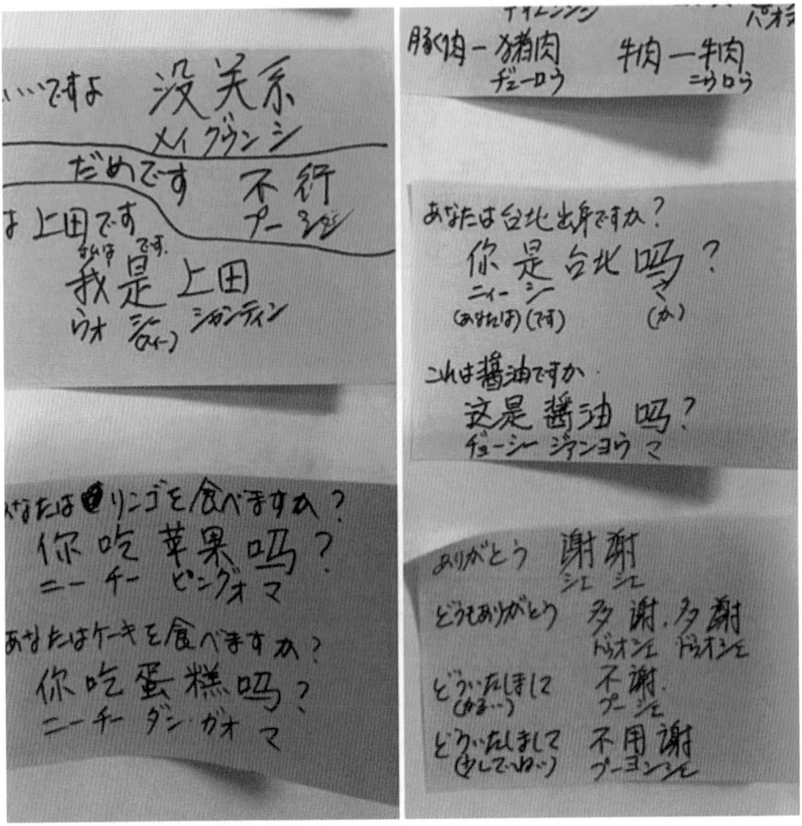

桃媽在廚房貼了很多學中文的便利貼，有一句是要問「你是台北人嗎？」但不知道怎麼會變成「你是台北嗎？」從人物變地名，差一個「人」字差很多。

台日親戚第一次相見歡

台灣日本其實很近，只要有心，距離不是問題。

當初兩人結婚時無法好好辦個婚禮宴客，一直是心中的遺憾。雖然晚了兩年，也不是在高級餐廳，但終於在這天（二〇一六年十一月五日），完成了這個心願。

小時候因為生活比較辛苦，加上自己不懂事，所以一直覺得親戚們好會給壓力。結婚後，也不是第一次聽媽媽轉述親戚的話：「都結婚這麼久了，怎麼還沒吃到你們請吃一頓飯。」當時覺得心裡好複雜。

只是阿桃家人一直將這件事記在心裡，為了讓親家母阿雲有面子，為了疼惜媳婦，他們決定全家來台灣，補辦喜宴。

親戚們的大合照是我這輩子的珍藏寶貝。（攝影／海哥）

外婆拉著桃媽的手，一直拜託她好好照顧我。回想起小時候外婆常帶著我跟妹妹偷偷去買糖果，那瞬間，我又鼻酸流淚了。

（攝影／海哥）

見到面那天，親戚都很緊張，沒想到看見外婆與舅媽阿姨們替我們感到開心的那滿足笑容，聽見舅舅們端著酒杯用台語對阿桃一家說，「謝謝你們如此照顧我們雅羚」，他們一臉不捨都表露在臉上。

即使語言不是那麼通順管用，卻都彼此感受得到那份真心，讓人心暖暖的。原來，他們並不是如我所想的，單純想吃這頓飯，而是一直以來都因為捨不得我嫁那麼遠，怕我沒靠山，在為我打抱不平。

這次的見面，也一掃自己十多年來內心的複雜情緒，親戚們說話很直，心更直，但其實都只是因為「愛」，他們只是單純的，簡單的，溫暖的愛。

後來發現，台灣的親戚們從來沒有過這麼大陣仗的合照經驗。多虧了這次宴客，讓我們留下這麼難得的紀念，也發現親戚們實在很可愛，當天的緊張情緒都掛在臉上，拍照時緊張到不知該如何是好。

而單獨辛苦扶養我跟妹妹長大的阿雲，在這一天，比誰都還開心。

桃爸常說，從我嫁進他們家的那一刻起，他就會代替天上的爸爸，好好照顧我，這次他克服了不敢搭乘飛機的心理障礙，起飛下降時為了掩飾緊張害怕，那故作堅強的身影，我知道那是一種深厚親情的愛。

天上的爸爸祢知道嗎？我要謝謝祢一直守護著我們，更讓我可以如此幸福，能夠擁有台灣日本這麼多可愛熱情的家人與親戚們的愛與關懷。謝謝祢讓我們如此順利地完成這個心願。

和婆婆一起說老公壞話

去年桃媽坐了快三小時的巴士從廣島來倉敷，只為了要來看看我們在倉敷的生活過得好不好。還跟阿雲一樣，一到超市就自掏腰包大買特買，只怕我們兩個年輕人自己住在這裡會忘記吃飯、會餓著。天下的媽媽都是一樣的。重點是：我們還一起吃午餐，一起說阿桃的壞話。（噓……）

很多人會好奇國際婚姻的「婆媳問題」，我和阿桃曾經因為遠距離戀愛而分開過，那時候桃媽跟我說：「妳回去之後找更好的對象，我兒子不值得妳這樣，當不了我的媳婦沒關係，我會把妳當作女兒一樣。」

這句話我一直放在心上，婚後成為一家人，婆媳感情更好了，若是遇到阿桃又做了什麼蠢事讓我不開心，我也只能跟婆婆分享了。所以現在我們每周都會講兩三次電話，一次兩三個小時，聊到阿雲都要吃醋了！
她，是我的婆婆。我在日本的第二個媽媽。

最愛的媽媽，我過得很好

嫁來日本，我想，自己並沒有失去什麼。

的確，寂寞變多了，卻更習慣與自己相處的時間；孤單變多了，卻讓自己學會更堅強的去面對許多事；辛苦變多了，卻教會我跟阿桃懂得一起面對、一起克服；跟台灣家人相處時間變少了，卻多了一樣愛著我的日本家人；無法隨時見到媽媽妹妹，卻讓我們三個更加珍惜每次可以相聚的時光；遇到挫折，再也不能哭著叫媽媽，卻也讓我試著學習如何做個好媽媽。

其實這些想法真的不是一開始就有的。

在經過無數個夜晚，哭著、抱怨著，與自己對話，要自己堅強，當初嫁過來就是自己的決定。

告別了可愛熟悉的台灣來到日本，一切就像是充滿未知的奇幻旅程。我將曾經以為是失去的，轉化成是我得到的，那些讓我失去勇氣的孤單寂寞，將會幫助我得到更多豐富色彩。

早上跟阿雲講了一個小時電話，那種感覺，很像以前自己還在台灣時，可以隨意大聲說出想說的話。唯一不同的是，當自己嫁作人妻後，跟媽媽聊的尺度也就更開放了，好在阿雲是見過世面，完全沒在怕的。

開心聊天，時間真的再多也不夠用，唯一我們彼此都知道的是，「媽媽，不在妳身邊的我，過得很好」，即使說再多次，我都還是會想讓妳放心。

希望不在我身邊的妳跟妹妹，也可以過得比我更好。

很愛很愛妳們。

第5話

再見倉敷，下一站幸福

今天看到的小小幸運，
雨過天晴後，整棵樹只開了一朵花，
最特別的花。
幸福，永遠躲在我們意想不到的下一秒。

我所居住的倉敷

阿桃的家鄉在廣島，但他進入職場後，因為工作的關係，就一直住在岡山縣的倉敷市。講到倉敷，大家一定會聯想到最有名「美觀地區」，隨著四季變化景色與懷舊的白牆街景，在渠道的兩旁的柳樹，輕垂在河面，唯美的倒影與周遭傳統的建築組成了浪漫的場景。傳統的日式庭園，秋天楓葉的漸層，就像畫家恣意揮灑的繽紛油彩畫作。到了春天櫻花滿開，吸引許多穿著和服的少女們來此拍照留念。

日本有名電影《浪客劍心》（るろうに剣心）與日劇《糸子的洋裝店》（カーネーション）還有《天皇的御廚》（天皇の料理番）……等，都是在此取景拍攝的唷。

Mrs. Ueda
in JAPAN

木船體驗是相當受遊客喜歡的一項選擇，經常看見新人穿著和服在船上舉行婚禮儀式。這裡的鴿子與鯉魚也都非常親民不怕生，拍攝照片時顯得更加活潑生動。

在日本江戶時期，周遭地區因為依靠倉敷川發展船運業，而成為米、鹽、棉花等物資集散地，運貨的船隻更是絡繹不絕，儲藏貨物的倉庫也不斷增加，於是才有「倉敷」之稱。倉敷的街景小巷都充滿著濃濃的復古味，在地的特色景觀——白壁建築，即是古代商人們用來貯存貨物的倉庫。為了長期保存食糧，每棟倉庫的牆壁厚度達

三十公分，有別於一般建築，並且在採光、防潮、防火、降溫等方面下了許多功夫。

若是時間足夠，可以在這邊享受一整天的靜謐。

另外值得一提的是在美觀地區內的「倉敷IVY SQUARE」，整棟

知名的大原美術館

KURASHIKI IVY SQUARE

KURASHIKI CITY
消火栓

為紅磚建築，牆上爬滿藤類植物是特色，隨著四季變化，藤蔓的顏色也展現出多種面貌。內有飯店、小賣店、餐廳、伴手禮店，許多婚禮也常在這裡舉辦。

渠道河邊的一旁有許多攤販，大多販賣手工飾品。人力車也是美觀地區不可或缺的特色之一，車伕們都非常親切。

只要台灣朋友來，我都會帶他們到這邊走走。在有著小京都之稱，如詩如畫般的美觀地區裡，趁機讓自己散散心、透透氣是再舒服不過了。

我家窗外的風景

坐在窗邊寫稿寫了一整天，抬頭看到天空浮著一朵朵白雲，好像神仙隨意撒下的棉花。常常在疲累的時候，抬頭望望天空，會發現這世界真的很大很遼闊，因不平靜而緊縮的內心，總在那瞬間，被大自然的美景給安撫，漸漸地能再柔軟展開。

其實我們住家所在地是很純樸的臨海鄉下工業區，家外面停放著挖土機，完全看不到高樓大廈，只有矮矮的平房，綠綠的田地，空曠的馬路，每天還會有很龐大的白鷺鷥從眼前飛過。由於沒有路燈，所以星星很亮，夜晚的田裡會有一大群青蛙開演唱會，有時甚至會被吵到完全無法入睡。

窗外的世界，感覺一切都好可愛。

水島隨手拍

每每看到自己喜歡的景色或角落，就會隨手拍下來，尤其是色調有著極大衝突對比的、

濃濃時代感的街景，總會讓人駐足欣賞好久好久。

這就是我跟阿桃生活的地方——水島。這裡很偏僻，步調很緩慢，有時感覺彷彿時間真的靜止了。

對我而言，無論是倉敷市內或是水島附近，都是充滿神祕具有吸引力的地方，因為每個看似舊舊的角落，都承載著一段豐富精彩的故事。

從小小的格子圍欄往內看過去，即使眼前堆積著一大落廢棄木材，也無法阻止我發現有故事的美好日本建築。

我很喜歡一個人散步，享受這裡的懷舊氣氛，與內在進行一場對話交流，讓自己的心靈變得更厚實豐富，好像剛喝完一碗心靈雞湯一樣。

水島的家

大學時期為了省房租，我跟阿桃同擠在一個小房間裡，那時在岡山，也是我們第一個同住的地方。

畢業後，廣島出身的阿桃，原本找到在家鄉的工作，卻在開始上班前幾天，突然被調派到岡山縣倉敷市的水島分公司。

所以，初出社會的我們所同住的第二個地方，就是在水島。那時的家，一樣只有一個小房間。（一直到第三年，我們才搬到有三個房間的家。）

為了將車子留給我使用，阿桃堅持自己騎腳踏車去上班；我想體貼回報他的用心，所以選擇住在離阿桃公司只需五分鐘腳踏車車程的地方。

講到倉敷，大多數的人應該都比較知道「美觀地區」，它是座風光明媚的古樸小城，但我們家恰好是在那些美美照片之外，還要再開車三、四十分鐘才會到的「水島」。這裡是臨海工業區，空氣比較不好，對以前的我來說，單純就覺得這是一個很鄉下、交通很不方便，什麼都沒有的地方。

就這樣一落腳就住了五年，直到阿桃離職，決定要搬回廣島時，我對這個地方的一切突然變得非常不捨。

曾經什麼都不懂，為學習當個好新娘而傻傻奔來這裡，卻因為純樸的鄉下還無法接納身為外國人的我而歷經多次面試失敗。在那無數難過的夜晚，還好有這片無光害的美麗星空安慰作伴。

在這裡，少了大都市的倉促急躁，連走路都可以很放鬆。

這一兩年，我開始到日本四處工作，在外地累積一身疲累回到水島時，反而有一種安心的感覺，甚至對自己能住在一個如此與世無爭的地方而滿心感激。

其實會喜歡一個地方，最重要的原因是，因為喜歡這邊的人。

回想起可愛的裁縫老師、一起打工的歐巴桑朋友們，還有「用技術，讓更多人可以笑得更開心」的單親矯正科醫師、牙醫夫婦、打工餐廳老闆，以及在這裡認識的所有朋友們……

因為這些人，讓我更愛這塊土地，過了這麼久才知道，原來自己的要求不多，這才是我要的生活，工作可以在喧囂城市好好努力，但家，一定要是這樣能夠讓自己放鬆休息的天堂。

要離開前，我跟阿桃開著車繞了水島一圈，追憶過去五年來的點點滴滴。我曾經在那邊慢跑，剛來這裡生活時就是在這裡迷路，騎腳踏車在另外那邊碰到阿桃去找客戶，我們曾在這邊吵架……每個角落都記錄著我們好多回憶。

好不容易適應這個環境，現在卻要離開，內心實

在水島開始兩人生活時「一個房間的家」，好擠好亂。

在糾葛。

感謝這個地方陪我度過最不成熟的時期、最軟弱的時候。對生活一竅不通，在還沒有成為妻子之前的摸索階段，它提供我這麼單純的環境，如今就要告別，彷彿像是孩子要脫離媽媽的保護般頻頻回首。

這塊看似再普通不過的土地，卻有這麼多人帶著夢想在這裡認真生活。搬家前，我把握機會再去跟他們一一道別。可以再一次跟他們好好說話，實在很開心，接下來的日子還是會非常忙碌，下一次，都不知道什麼時候才會再相見了。最後揮手道別時，我在他們眼裡也看到溫暖的不捨及祝福。

曾經不懂事，抱怨這邊偏遠不便，如今卻能很驕傲地向他人介紹，我住過倉敷的水島。

吵出人生大轉變

我們在倉敷的水島住了五年，決定搬回廣島，契機是阿桃離職，但最大的原因，其實是來自我的工作。

以前我把阿桃當作天，在日本，沒有他在的地方我沒辦法好好生活，連去戶政事務所辦事都要阿桃請半天假陪同，我一直很依賴他。

總是告訴自己，為了生存，不得不堅強啊！

這一兩年來，開始接下日本各地政府單位與企業公司的工作，有機會四處增廣見聞，對我而言是件很棒的事。

殊不知，跟阿桃的紛爭也就此開始。

觀光的工作地點散布在日本各處，這段日子，我承擔著超速濃縮的壓力，付出相對加倍的體力，在外接觸全新的人事物，特別是在東京等大城市所接觸的工作人員都很有資歷。我一出門工作就是近半個月，回到家跟阿桃分享我的體悟時，他卻因為每天被公司的各種瑣事纏身，侷限了眼界，也不願意接受新想法，總覺得「我這樣就夠了」的說詞，讓我們經常話投機，觀念也逐漸不一樣。

彼此的想法漸漸有了落差，吵到最激烈時，瞬間甚至萌生「阿桃不是我的天，是絆腳石」的念頭。而阿桃也會覺得「妳根本不尊重我，沒有把我當作妳的先生了」。

當時的他，還無法理解我的工作性質，覺得我只是去玩樂、去觀光，憑什麼賺錢。

阿桃從不干涉我使用網路記錄生活，一路走來，就是默默地支持。沒想到如今靠著網路的力量，我居然能夠幫忙賺取家用，更沒想到成長的速度比他所想的還快，這件事讓他覺得很受傷，連日常說話都不知不覺帶著攻擊的語調，因為他想證明他才是家裡能掌握一切的那個人。

而我也覺得，既然看不起我所投入的事業，那其中珍貴的心得也不必跟他分享了。

我們每天不斷吵架，什麼小事都能吵起來。那段日子真的很辛苦，在先生不體諒之下，還得四處奔波工作。每當獨自回到休息的飯店，半夜驚醒時總覺得心酸。這樣下去總不是辦法，阿桃對我而言依然很重要，很希望自己的工作可以得到他的認同與支持，我對他說：「不然你如果放假有空，就跟我一起去工作吧！」會這麼提議，主要是想讓阿桃從我的工作中，看看每一個人都是這麼認真努力地在生活，希望能夠給他一點點刺激。

他拉不下臉，像個孩子般硬是跟我賭氣地說：「去就去，沒什麼好怕的。」剛好這樣也中了我的計謀啊！

過了一段時間，某次我們工作結束後回到家，累到癱倒在沙發上，阿桃靜靜地對我說，他覺得自己真的太弱了（那當下我真的很感動），以前他常常會為很小的事情回家生悶氣，比如公司裡誰誰誰拿了他的筆沒有還等等，現在他終於親眼見到，明明大家的年紀差不多，但其他人的談吐、內涵，關心的人事物，真的跟他很不一樣，才驚覺自己的目光短淺。

後來我因為太疲累，導致不小心小產，我們難過了許久，讓阿桃覺得自己應該更有擔當，得為此做些改變。跟我到處去工作的那一陣子，算是大開了眼界，也希望能夠再嘗試不一樣的工作型態，便毅然決然地向公司提出辭呈。

阿桃從出社會步入職場至今五年，無論在事業上花了多少努力、費盡心思接待客戶，卻從未被看見，更遑論加薪。他的公司要求員工陪客戶打高爾夫球，可是球具要自備、場地也要自費，在日本的賽費不便宜，一個月四次下來，對我們的經濟造成很大的壓力。

他向公司反應，卻得到了「你還不到公司幫你付錢的程度」的回應，阿桃也因此感到很「切心」（心灰意冷）。

只是，阿桃一辭職，馬上要面臨經濟的問題。於是他鼓起勇氣，決定前往機會多、人潮多的東京試試看，滿心期待地到了那邊後，才發現一切跟想像的根本不同。涉世未深的我們，間接遇到一些辛酸無奈的事，讓他遭受到不必要的對待與壓力。

在那個挫折又寒冷的冬天夜裡，人群擁擠讓我們走散了，著急搜尋卻不見他的身影時，突然有人抓著我的手牽緊放進自己口袋，原來是阿桃。

他淡淡地給了我一個「不用怕」的微笑，我知道，在他的笑容底下，其實心裡比誰都要難過不安。那個夜晚，我們各握著一罐熱咖啡，在路邊聊了好久好遠的未來。他放不下老家的父母，亦或是故鄉景物對他的呼喚，最終兩人決定搬回最讓他感到心安的地方——廣島。

終於在今年三月底，我們即將告別生活多年的倉敷，在離阿桃老家不遠的地方另租公寓，也可以就近照顧家人。因此那段時間，除了到處取材工作以外，我們利用半夜時間收拾，準備搬家。

於是，我們從倉敷到了東京，又從東京回到了廣島。

寶貝，再等媽媽一下下

「寶貝，再等媽媽一下下。」自從想懷孕以來，這句話，我每個月都會對將來的寶包說著。

努力了好幾個月，試過了各種方法，驗孕棒上總是只出現一條線的結果，已經將我跟阿桃訓練出一顆平常心。巧的是，每當那個月我們以為就要成功時，過幾天我一定會感冒。這次也是，上個月才經歷過流感，這個月竟又染上重感冒。

為了迎接寶包的到來，我不敢貿然吃藥，想著讓症狀自然痊癒就好，結果卻併發聲帶炎，完全無法講話，咳嗽不停加上頭暈作嘔不斷，實在沒輒了，阿桃只好在下班後拖著疲累的身體帶我去掛急診。

醫生問：「現在是否有孕在身？」

因為怕藥效太強會對胎兒有影響。這個月生理期遲遲沒來，我們當下也說不出個確定答案。晚飯後吃藥前，我戰戰兢兢地又驗了一次，不出所料，這個月，老天爺還是只肯給我們一條線。

回到客廳，也許是我失落地吞著感冒藥的神情讓阿桃發現，他一樣摸摸我的頭說：「寶包還在看我們的表現，他（她）希望妳是健健康康的，而且寶包還希

望，媽媽多趁這段時間更愛爸爸一點，要不然他（她）加入後，馬麻眼中就沒把拔存在了。他（她）真是個貼心的好孩子。」

雖然阿桃拐彎抹角地暗示我要對他好一點，但聽到他這樣說，我也相信寶包是自己選擇父母來投胎，我們遲遲無法被選上，一定有他（她）的理由跟道理。或許就像阿桃說的，我們得趁現在更珍惜彼此，這是寶包送我們最貼心的禮物。

寶包曾經來過

經過這麼多次，其實我跟阿桃早已對那「一條線」感到麻痺了。曾經真的很想要懷孕，把兩人搞得壓力很大，每個月就會一直在「想要懷上、但沒有、又放棄，然後安慰自己」的循環中。

東京事件之後有一天，覺得肚子痛到很不對勁，不像是以往感受過的疼痛，可能是因為太累了沒立刻察覺，後來去看醫生才知道，原來是寶包沒了。

聽到醫生宣告的當下其實沒有很實際的感覺，我都還沒來得及享受寶包報到的喜悅，醫生就宣布「已經沒了」。只是事後回想，我的身體健康檢查數據漂亮，醫生也說隨時想要小孩都沒問題，於是心裡還是時常矛盾，不禁自問，要一個小孩真的有這麼難嗎？

環島宣言

情緒低落時，一想到阿桃工作沒了，我們的孩子也沒了，就會突然無力面對每天的生活。持續哀傷了數天，突然覺得自己再這樣下去不行，有一種必須重生的念頭開始萌芽。

因為阿桃的一句，「謝謝妳為我嫁來日本，這次，換我想好好認識妳的台灣」，我們做了一個瘋狂的決定：回台灣環島。

我們知道，這真的很瘋狂，但也相信，在這趟旅程當中，彼此一定會變得更堅強。

起心動念的部分原因是，剛開始為日本觀光單位工作時，當地官員知道我來自台灣後都會問「台灣有什麼好吃、好玩的」？原以為這句話只是初次見面，對方作為切入工作主題前的開場白，可是當被無數人問了同樣問題，我才體悟到，原來自己對台灣如此陌生，也決定讓自己有機會再一次好好認識自己的故鄉。

就阿桃而言，對台灣一直保有特別的情感，是因為六年前他來留學半年所感受到的「台式溫暖」，甚至台灣有很多快要失傳的技術都很可貴，讓他想要更加深入瞭解探討。

在這段時間，兩人最常開的玩笑就是：「明天要住哪吃哪都不知道，就要靠自己的力量環台灣兩個月，真的是比結婚還要瘋狂！」

是的。沒有瘋狂，怎麼能算活過！（五月天阿信的這句歌詞不斷提醒著我）從前陣子的失落，難過，再到環島的興奮，期待。人生不也就只是這樣嗎？

感謝生命中的另一半，願意用心陪我回來看看台灣這塊溫暖的土地，我成長的故鄉。

對接下來未知的旅程，意外地我們沒有感到恐懼，有的只是滿滿的期待。

剛好今年是我們結婚兩周年紀念，實際相識八年，我們都將「環台一周」當作是送給彼此最大的禮物。

環島進行中 2017.4.（攝影／海哥）

進化成有力量的人

每個人來到這個世界上，都有屬於自己該完成的任務。

在回台灣環島前的這段時間，阿桃考慮開始找新工作，也許不是立刻，也說不定就是明天，我們沒有一定的答案，但在經過許多考量之後，我決定無論如何，都要以妻子、以伴侶的身分支持他。

心裡暗自決定，當他累了，就休息一下吧！這個家還有我，我會撐著。但這樣的想法卻把自己逼得愈來愈緊，在無法預測的明天，眼前即將面對的車貸、房租，甚至是生活費，都將是難題，幸好有觀光取材的工作可以讓我幫忙賺點生活費，即使哪天阿桃突然沒了收入，至少我們不會馬上餓肚子。

只是自己原本就龜毛的個性，凡事都要求做到最好的標準，我堅持所有參與過的體驗都得花時間深入瞭解，這樣寫出的文章才對得起自己、對得起大家，加上繁瑣的家事與打工，彷彿再多幾個自己都不夠用。不但犧牲了陪伴阿桃的時間，不自覺在生活上更是對他嚴格檢視，搞得自己壓力也好大，生活的重擔讓兩個人都快喘不過氣來。

就這樣，長期累積下來的自我要求與疲累感，終於爆發了。

遇見跟名字一樣的上田車站，
也是人生中無法預料的驚喜。

那一天，我像是要把從小到大偽裝起來的獨立堅強全部摧毀般地痛哭。阿桃靜靜坐在我身旁，拿來一條很大很重的浴巾，我知道，他是希望我可以一口氣哭個夠。（我卻只哭濕了三分之一就快脫水了）

冷靜下來後，他一邊摸著我的頭，一邊說：「妳哭了，有我會拿浴巾給妳，我哭了，妳會拿浴巾給我。**我們是彼此相互的力量，不管接下來我們會去哪裡，或是會變得如何，我知道，我們都不孤單，因為一加一等於無限的力量！**」他頓了一下接著說：「而妳自我要求的個性，我也不希望被改變，因為做什麼事情的前提，都是得對得起自己。只是我不希望妳太累，就用輕鬆的方式去完成自己的要求與目標就好了。」

阿桃短短的一番話，給了我十分的勇氣。

是的，每個人來到這個世界上，都有屬於自己該完成的任務。擦乾眼淚後，還是要繼續迎接生活接下來要帶給我們的刺激與挑戰。

小時候，因為爸爸的提早離開，讓我不得不學會堅強，來保護媽媽跟妹妹；長大後，因為自己選擇嫁來日本，讓我不得不學會勇敢，來守護阿桃跟這個家。

人生的任務還有很多很多，雖然明知無法操控一切，卻可以掌控自己的想法

與觀念，用輕鬆的態度將事情做好，這是我要學習的課題。

受過的傷所結的痂，都會成為自己最驕傲的勇敢證明。

我們會繼續努力的！

愛在當下，愛要及時

阿桃的公司讓他在二月離職。那天，我一邊開車，坐副駕駛座的他則是興奮地描述著接下來的人生規劃。

突然，一台車急速往我們這邊衝過來，那一刻，只記得我本能地急踩煞車，而那台車反應過來後，則急速地往另一旁的電線桿撞去，當時電線桿旁還有一位老婆婆騎著腳踏車……那一瞬間，我眼前、腦裡都是一片空白。

朝我們衝撞而來的駕駛，是一位金髮纖瘦的年輕媽媽，車上還載著嬰兒，她當時是邊講手機邊踩著油門。

慶幸的是，我們五個人都平安活著，就在那驚險的零點幾秒鐘之後。

我把車停在路邊久久不能回神，一旁的阿桃伸出右手將我的雙手握住，緊緊的。我們都知道，剛剛這一切有多令人驚恐害怕。

上一秒才興高采烈地在討論未來人生，下一秒卻完全無法預測。有驚無險的小事故，為我們上了一課。讓我們確信了，無論接下來的路要怎麼走，我們都要「愛在當下」。

從那天起，我們沒有再為不必要的小事而爭執，「珍惜」、「感謝」也不只是嘴上說說，每晚睡覺前我們會輕握著對方的手，對彼此說聲「謝謝」，感受到彼此的溫度，是幸福，也是珍貴的。

相識八年，婚齡二年

時間過得很快，二年前，我跟阿桃穿著這像玩偶裝的結婚和服，進行不到三十分鐘的佛前儀式後，沒有盛大婚禮，沒有熱鬧宴客，就這樣變成了一對夫妻。在戴上戒指同時，肩上也背負著婚姻的責任。這兩年來，好像很快，卻又發生了好多事。

從相識那天算來，如今的我們邁入了第八年，但在婚姻裡，我倆都還只是二歲的幼幼班。

原以為相識那麼久，在對方面前醜態百出完全不在意，相處也根本不是問題。但婚後才發現，原來**兩人相處是要花一輩子去學習，並把這件事當作是人生享受之一。**

神明壓力也很大

晚上我們為了要不要去超市買橘子這種超無聊的小事爭執了快三小時，在雙方氣頭上，阿桃說：「我們怎麼吵，都改變不了我們是夫妻的這件事，那這樣我們還要繼續吵嗎？」

瞬間，兩個人都安靜。下一個瞬間，兩個人大笑。

之後我們合好，給彼此一個溫暖的抱抱，爭吵結束。（那三小時到底是為了什麼……）

隔天一早，我們到家裡附近的神社，去感謝神明如此守護著我們，讓我們到現在爭吵無數次卻沒有離婚。

神明壓力可真大。

看到這張照片，我們都好懷念。2016 年的 1 月，氣溫零度，我們在倉敷的美觀地區，邊冷得發抖邊僵笑拍下這張照片。（攝影／梨寶）

從小我家就只有媽媽與妹妹，遇到事情也只能靠自己解決，為了保護家人，固執衝動、擅自作主以及感情用事，便成為了我最大的缺點，也是這樣的環境讓我習慣獨立。

阿桃的個性跟我南轅北轍，他是在一個尊重孩子各自發展的家庭長大，遇到事情總能夠有條有理地冷靜處理，對挫折忍耐度很強，卻比誰都還依賴。我們的相處也常出現爭執，但因為他，我第一次知道，原來爭執並不是件壞事。

知道我的忍耐度不夠，他願

意先包容我的衝動，再用能讓我冷靜下來的方式，進行彼此的溝通。知道他總是用堅強的外表來掩蓋內心的脆弱，但無須說破，只要給他一個溫暖的家，就是我能為他做到的支持。

很慶幸過了第七年時，我們都沒有癢（通過婚姻的考驗），到現在也還未看膩對方。阿桃說，謝謝這兩年來我的辛苦付出，期待接下來的第N年。（我又眼淚滿到看不清楚他的臉了）

要攜手一起走的人生路上，感謝有他，是伴侶，也是導師。前年的今天，感謝台灣的阿雲及妹妹，感謝日本的家人們，一起參與見證了我跟阿桃的交杯酒儀式。也許是因為大家的加持，讓我們每天吵吵鬧鬧卻還是沒離婚，依舊嘻嘻哈哈度過每一天。

祝生命另一半，生日快樂

結婚後第一次替胖桃過生日，連同便當，我手寫了一封信一起送去給他。

「謝謝你願意降生到這個世界，願意與我相遇。一直都是被你保護著的我，接下來的人生，我願意用盡我的一切學著努力守護你。希望你一定一定要一直握著我的手，就這麼緊緊的。」

其實我寫了滿滿的三張信紙，用鉛筆寫，也製造出很多橡皮擦屑，彷彿像國小在寫作文那樣。

身為妻子的我，因為平日都得工作，無法做蛋糕，只好在便當裡做了一個迷你小蛋糕和一個像我的小人偶，在中午休息時間，給他一個小小驚喜。而胖桃早在好幾個月前，就跟我要了一個公事包當作今年的生日禮物，最後總算選到一個他超滿意的款式，只是他開心到當天晚上就拿去公司的櫃子鎖起來，我都還來不及拍照。

生命裡的另一半，總是在背後支撐著我，對我說著「加油」；總是在遇到挫折後，摸摸我的頭並說「妳很棒」。

結婚前，以為婚姻只不過是一張證書，結婚後卻發現，原來「愛」是發生在日常中的每一件小事。**「夫妻」是很深很深的羈絆，是一起嚐過很多苦與樂之後，那份愛還在繼續。**希望接下來我可以陪你度過更多次生日，也謝謝桃媽，把你生下來與我作伴。

晚上煮了火鍋，也在下班路上買了他最愛的草莓鮮奶油蛋糕，看胖哥吃得一臉滿足（整個臉頰都帶便當）我想，他應該蠻喜歡今年的生日吧！（還是只要有吃的都可以收買他？）

他等不及要脫掉草莓蛋糕的透明外衣，然後用小湯匙刮乾淨上面的奶油。（以前都是「舔」乾淨的，這次算比較紳士了）

你守護了我的過去，現在換我保護你

在工作採訪時，總會被問到：「阿桃是個好老公吧？好像很疼妳。」我也總是開玩笑回說：「どうかなぁ……能再選一次的話，就不一定會選阿桃囉。」為了營造大家開心的氣氛，也不想讓這個話題太深入，我的回覆看似無情，但心裡最深處的真實答案，只有自己知道。

大學畢業後進入職場工作，將所賺的薪水繳清積欠的助學貸款後，來到日本時已身無分文，工作找得不順利，生活不習慣，更是讓自己完全沒了自信。當時的社會新鮮人阿桃，每天三份工作，一肩挑起照顧我的責任，即使當時的他只有一點點力量，卻是那麼地用盡全力——把高中開始打工的所有存款，全用在我們的簡單婚禮儀式及我的牙齒矯正。儘管工作再疲累，進了家門馬上變身溫柔好好

（攝影／海哥）

先生。

曾以為我們會這樣平順過一生，卻因為小產一事，讓我們兩人都有突破與改變的機會。「人生，很多事無法預測」是我們最深刻的體會，為了把握當下，阿桃終於決定辭去了工作，我們也從倉敷搬回阿桃的故鄉廣島，在展開新生活之前，回台灣進行環島一圈的計畫。

這一切看似瘋狂，事情改變的速度也快到讓我們跟不上，**即使現實總叫人喘不過氣，能做的只有歡喜面對。**

沒錯，阿桃沒了工作就沒了收入，回到廣島之後的生活、房租、稅金……等責任自然就落到我身上。所以我得努力賺錢，拚命地、奮力地。我很感謝日本各地政府與觀光團體給我的機會，即使一整個月裡有一半以上的時間無法回家，即使趕稿或製作影片讓肩頸、頭痛不已，只要能養家，我什麼都願意。

因為過去曾經是阿桃這樣辛苦地養我，他累了那麼久，現在讓他暫時休息，換我保護他，換我當他的太陽，當他的肩膀，因為阿桃，教我學會了堅強。

回廣島後的新人生新啟程，台灣環島的新挑戰新緣分，回日本後阿桃的新職場新環境，都是值得期待的。為了將來，為了彼此，當累的時候，想想那位一樣努力著的另一半，就什麼都不怕了。

（攝影／梨寶）

下一站，幸福未完

感謝每一位願意翻開這本書的朋友。

人生的路上能夠有您一同參與，是我最大的榮幸。

願這幸福與溫暖，能夠帶給您一份小小的力量。

我們會繼續努力享受著，無論是環島，或是接下來未知的人生。

婚前交往沒發現過的真實面，在婚後的每天總有新發現。

幸福就是，花了三個小時做出的精緻料理，被他五分鐘內全部吃光光。

愛，只不過是一個字，要懂它，卻得花上一輩子。

婚前的兩人就像馬鈴薯跟番茄，完全不同世界；
婚後馬鈴薯變薯條，番茄變番茄醬，成了絕配。

國家圖書館出版品預行編目 (CIP) 資料

上田太太不上班：從台灣女兒到日本人妻的幸福之道 /
上田太太著 . -- 初版 . -- 臺北市：遠流，2017.06
256 面；14.8×21 公分 . -- (綠蠹魚；YLP11)

ISBN 978-957-32-7994-5(平裝)

1. 兩性關係 2. 異國婚姻

544.7 106005779

綠蠹魚 YLP11

上田太太不上班

從台灣女兒到日本人妻的幸福之道

作者─上田太太

執行編輯─莊月君
封面設計─朱　疋
內頁設計─陳春惠
插畫繪製─黎方文
攝　　影─李婕（梨寶）/ 吳建樺（海哥）
副總編輯─鄭雪如

發 行 人─王榮文
出版發行─遠流出版事業股份有限公司
100 臺北市南昌路二段 81 號 6 樓
電話：(02)2392-6899
傳真：(02)2392-6658
郵撥：0189456-1
著作權顧問─蕭雄淋律師

2017 年 6 月 1 日 初版一刷
售價新台幣 360 元（書若缺頁或破損，請寄回更換）

ISBN 978-957-32-7994-5

YLib 遠流博識網 www.ylib.com E-mail: ylib@ylib.com
遠流粉絲頁 www.facebook.com/ylibfans